BIÈRE&FROMAGE

50 ACCORDS LUDIQUES PAR VINKEN ET VAN TRICHT

www.lannoo.com
Enregistrez-vous sur notre site web et nous vous enverrons régulièrement
une lettre d'information à propos de nos nouveaux livres et avec des offres
intéressantes et exclusives.

Texte : Ben Vinken et Michel Van Tricht
www.bierpassie.com - www.beerpassion.com
Introduction : Katrien Bruyland
Photographie : Joris Luyten
Traduction: Jacques et Germaine Fanchamps
Mise en pages : Android

Si vous avez des remarques ou des questions, n'hésitez pas à prendre contact
avec notre rédaction : redactielifestyle@lannoo.com

© Éditions Lannoo s.a., Tielt, 2015
D/2015/45/497 - NUR 440 et 448
ISBN 978 94 014 3213 9

BIÈRE&FROMAGE

50 ACCORDS LUDIQUES PAR VINKEN ET VAN TRICHT

LANNOO

LES IDÉES MÛRISSENT, TOUT COMME

LA BIÈRE & LE FROMAGE

Le fromage aime la bière. Après un petit morceau de fromage, la bouche demande une bonne bière. Pour neutraliser la graisse sur la langue et les papilles gustatives, la bière mord un peu dans la longueur en bouche. Une bière agréablement acide « tire » un peu, ce qui est bien. L'amour entre la bière et le fromage est mutuel. Ce n'est pas un secret pour qui connaît la petite faim qui suit un plaisir houblonné.

Deux fines gueules, ayant la passion de ce qu'il y a de meilleur, se sont rencontrées il y a cinq ans. Le sommelier de la bière Ben Vinken a baptisé Michel Van Tricht à la bière belge. Et le maître fromager Michel Van Tricht a ouvert à Ben Vinken la porte du Walhalla du fromage. Leur passion commune a débouché en 2011 sur le livre *Vinken & Van Tricht, 50 accords bières et fromages*. Avec ce premier titre, les pionniers de l'accord bière et fromage ont partagé leurs connaissances tant avec les lecteurs qu'avec des participants à des sessions de dégustation. Des bières particulières sélectionnées par Ben Vinken se sont retrouvées à table avec des fromages exceptionnels affinés par Michel Van Tricht. « S'il nous reste une chose, c'est l'émerveillement absolu des hédonistes que nous avons introduits dans le monde de la bière et du fromage. Les gens n'imaginaient pas à quel point cette combinaison pouvait être réussie. Notre travail de pionnier a trouvé un écho tant dans le public que dans la presse. »

Quatre ans après leur premier livre, les maîtres de cérémonie de l'heureux mariage gustatif de la bière et du fromage nous reviennent. « Nous avons senti que le moment était mûr pour une suite. Nous avons été entre-temps

tellement inspirés que nous avons eu en un rien de temps la matière pour une deuxième série de 50 combinaisons. » La manière de procéder n'a pas changé : pour chaque session de dégustation, Ben Vinken a apporté cinq bières chez Michel Van Tricht. Ce dernier a plongé dans son atelier et est revenu avec des fromages dont il pensait qu'ils se trouveraient bien avec les bières sélectionnées. Vinken et Van Tricht ont goûté et cherché jusqu'à ce qu'ils aient trouvé les paires parfaites.

Si, dans ce livre, les auteurs sortent des sentiers battus, c'est grâce à la courbe d'apprentissage qu'ont parcourue le sommelier de la bière et le maître fromager. « Le travail préparatoire pour notre premier livre et nos expériences après la publication nous ont apporté de précieuses connaissances. Avec cette expertise en poche, nous nous sommes mis à improviser lors des sessions de dégustation pour le deuxième livre. Goûter reste extrêmement important dans notre profession. Ce n'est pas parce qu'une bière brune va bien avec des fromages bleus, que vous pouvez à coup sûr combiner la bière et le fromage. De nos expérimentations sont sortis des accords très ludiques. Pendant la réalisation du premier livre, nous avons un peu cédé à la tendance de combiner des bières blondes relevées avec des petits fromages de chèvre fins. Dans le deuxième livre, nous avons découvert de nouvelles voies que nous avons parcourues. Nous sentions comment jouer avec les goûts que nous avions en tête. En 2011, nous avions choisi des combinaisons fortes mais classiques. Avec ce deuxième livre, nous sortons complètement des sentiers battus. »

Missionnaires du bon goût, Vinken et Van Tricht font dans ce livre une description passionnante de cinquante combinaisons ludiques et fraîches de bière et fromage. Un aperçu des cinquante paires classiques de leur premier livre précède le commentaire de ces nouveaux couples. Pour l'affineur de fromages Michel Van Tricht, un de ses accords favoris reste celui de la Bush ambrée avec le fromage de Herve au lait cru de la Ferme du Vieux Moulin. Ben Vinken confirme la justesse du goût du maître fromager et qualifie cette union de mariage wallon à s'en lécher les babines. Un des nombreux accords allant droit au cœur du sommelier de la bière est celui de la Tongerlo avec le Saint-Félicien Tentation. L'éditeur de Bière Passion Magazine a même fait servir ensemble ces sommets gustatifs lors de son Week-end Bière Passion à Anvers.

Depuis le premier livre de Vinken & Van Tricht édité chez Lannoo, un certain nombre de délicieuses bières et de savoureux fromages sont apparus. « Ces combinaisons ne pouvaient pas se retrouver dans le premier livre, tout simplement parce qu'elles n'existaient pas encore. Autrefois, la bière souffrait d'une image vieillotte. Cela a entre-temps complètement changé. Dire que la bière est hype est une évidence. Mais le fromage garde encore un profil un peu dépassé. C'est complètement injustifié, pensons-nous. Nous espérons que la génération actuelle d'épicuriens va découvrir les fromages artisanaux à travers leur combinaison avec des bières belges et les évaluer à leur juste valeur. En combinant de manière ludique les fromages avec la bière, nous espérons en faire un produit sexy. »

En 2011, ces deux épicuriens ont réuni la substance de la bière et du fromage. Dans ce deuxième livre, ils jouent avec les goûts qu'ils ont en tête. Vous jouez avec eux ?

SOMMAIRE

INTRODUCTION LES IDÉES MÛRISSENT, TOUT COMME LA BIÈRE & LE FROMAGE 4

CLASSIQUES OU LUDIQUES 50 ACCORDS BIÈRES & FROMAGES 1 12

01 AFFLIGEM TRIPLE & Pavé de Tavys Fleuri 22

02 ARMAND (TER DOLEN) & La Tartufina 26

03 AVEC LES BONS VŒUX & Le Palet du Vieux Moulin 28

04 AVERBODE & Pavé de Tavys 32

05 BASTOGNE PALE ALE & Trois Laits de Soumagne 36

06 BOON VIEILLE GUEUZE MARIAGE PARFAIT & Old Groendal 38

07 BRASSERIE LE FORT & Bleu du Val d'Aillon 42

08 BUFFALO BELGIAN BITTER & Rond du Berry 46

09 BUSH PRESTIGE & Colston Bassett Shropshire 48

10 CHIMAY ROUGE & Vieux Chimay 52

11 CORNET & Kaasterkaas 56

12 CORSENDONK AGNUS & L'Etivaz 60

13 CUVÉE DES TROLLS & Feuille de Dreux 64

14 DAME JEANNE BRUT D'ANVERS & Saint-Nicolas de la Dalmerie 68

15 DE BRABANDERE 1894 OAK & HOPS & Arrigoni Lucifero 70

16 DELVAUX SPÉCIALE BLONDE & Texelse Oude Schapenkaas 74

17 DEUS BRUT DES FLANDRES & Figou 78

18 DUVEL TRIPEL HOP Equinox & Banon 82

19 FLOREFFE TRIPLE & Saint-Nectaire 86

20 GENTSE STROP & Le Charpeau 90

21 GOLIATH TRIPLE & Cathare fermier 94

22 GRIMBERGEN DOUBLE & Cru des Fagnes 98

23 KASTEEL HOPPY & Greendal 102

24 KASTEEL TRIGNAC & Époisses Gaugry 106

25 KWAREMONT & Rouelle Cendrée 110

26 LA GUILLOTINE & Trou du Cru Gaugry 114

27 LEFFE TRIPLE & Brin d'Amour 118

28 LINDEMANS CUVÉE RENÉ & Bleu des Causses 122

29 LUPULUS BLONDE & La Tur 126

30 MALHEUR 12 & La Peral 130

31 MARTIN'S IPA & Gorgonzola Dolce Tosi 134

32 MONSIEUR ROCK & Écume de Wimereux 138

33 OMMEGANG & Taleggio 140

34 PALJAS BLONDE & Le Petit Fiancé des Pyrénées 144

35 PALM HOP SELECT & Romana du Plateau du Gerny 146

36 REX & Bio Bleu Chèvre 150

37 RODENBACH CARACTÈRE ROUGE & Bleu de Termignon 154

38 SAISON DUPONT CUVÉE DRY HOPPED 2015 & Monte Enebro 158

39 ST-FEUILLIEN GRAND CRU & Tunworth 162

40 STRAFFE HENDRIK WILD 2015 & Blinker 166

41 SURFINE & Brie de Meaux Dongé 170

42 TONGERLO BLONDE & Compostelle 174

43 TRIPLE D'ANVERS & Blaus Hirni 178

44 VALEIR EXTRA & Plaisir du Berger 182

45 VEDETT EXTRA BLONDE & Tomme Fleurette 184

46 VEDETT EXTRA WHITE & Burrata 188

47 VEDETT IPA* & La Fourrière 192

48 VINKEN BLONDE & Poperingse Keikop 196

49 WESTVLETEREN BLONDE & Vera Pagliettina 200

50 ZUNDERT & Pavé du Béthelin 204

CLASSIQUES OU LUDIQUES

Dans ce deuxième livre, nous ne voulons pas rater l'occasion de vous rappeler les cinquante premiers accords « classiques » du premier. Avec les cinquante nouveaux accords, vous disposez maintenant de cent combinaisons pour choyer vos hôtes.

Cheers,

Ben Vinken

ABBAYE DE FOREST BLONDE & Le Petit Saint Point

Ce fromage au lait cru du Jura peut être dégusté avec ou sans sa croûte. L'amertume que l'on goûte dans la croûte s'accorde bien avec celle de la bière. C'est en tous points un mariage léger de bière et fromage, qu'il vaut mieux placer au début d'une dégustation.

ACHEL BLONDE & Neufchâtel AOP

Dès la première gorgée, Michel reconnaît l'ADN de Westmalle, mais il trouve que la triple d'Achel est beaucoup plus douce que celle de Westmalle, un avis partagé par le sommelier de la bière. Un peu plus tard arrive en accessoire un long panier avec dedans un fromage normand assez long, manifestement de la famille du camembert (avec une tendance à couler assez vite). Avec une croûte fleurie. Onctueux, manifestement salé, du caractère et de la complexité qui valent bien une triple crémeuse !

ADRIAAN BROUWER DARK GOLD & Brie de Melun AOP

Ce fromage doux à croûte fleurie est apprécié pour sa structure onctueuse. Ce qu'il y a de typique chez lui, c'est qu'il est aussi colonisé par une flore brun rouge qui devient un peu plus forte pendant l'affinage. Nous avons cependant goûté ce fromage au lait de vache sans la croûte, pour qu'il ait, sans connotation corsée, la puissance dont nous avions besoin avec cette bière extrêmement douce, fine et crémeuse.

BLANCHE DE NAMUR & Vanillien

Pour cette bière ludique, légère et pétillante sur la langue, Michel a cherché un petit fromage à l'avenant. Il a lui-même créé un « vanillien », une nouvelle idée de produit. C'est un fromage au lait cru de chèvre de Normandie. D'une petite ferme de 80 chèvres dans le hameau de Bajocasse. Lors de la production du fromage, trois couches de vanille en poudre sont introduites, les moules étant emplis en quatre fois. Le fromage doit ensuite être soigneusement affiné, et c'est seulement lorsqu'il a suffisamment mûri (quatre semaines minimum) que l'équilibre est parfait. Trop jeune, on goûte trop la vanille.

BOURGOGNE DES FLANDRES & Mâconnais AOP

Pour cette bière à l'esprit bourguignon (Bruges a été jadis la capitale des Ducs de Bourgogne), Michel a choisi un très sympathique petit fromage de chèvre de… Bourgogne évidemment. La famille Chevenet exploite à Hurigny une ferme où elle produit tant du fromage que du vin. Le fromage est au lait cru de chèvre, les chèvres étant élevées à la ferme. C'est le bonheur de goûter ce fromage sec et frais avec une bière aigre-douce.

BRIGAND & Chevrin

Pour rester au pays, Michel met sur la planche un fromage artisanal peu connu. Un fromage de chèvre de la fromagerie du Gros Chêne à Méan aux portes de l'Ardenne belge. Fait entièrement de lait cru, ce fromage fait penser à un Camembert, le célèbre fromage à croûte fleurie. Mais ce fromage de chèvre a beaucoup plus de « puissance » qu'un Camembert classique. Il fait parfaitement face à la bière puissante et forme avec elle une belle harmonie.

BRUGSE ZOT & Pierre-qui-Vire

La bière au nez floral, élégante dans la longueur avec une agréable amertume, se comporte très bien avec ce fromage affiné, au lait cru de vache de Bourgogne. C'est un fromage d'abbaye au goût profond, la bière a suffisamment d'énergie et de force pour y faire face.

BUSH AMBRÉE & Herve AOP

Pour notre maître fromager également, cette bière est à chaque fois un sommet de l'art brassicole. Il est fortement sous influence, au propre comme au figuré. Et sur son blockbuster figure également un autre monument belge : le seul Herve encore fait en Belgique avec du lait cru, celui de la ferme Le Vieux Moulin, de Madame Madeleine, à Herve bien entendu. Chaque semaine, Michel y va avec sa camionnette. Ce fromage « noble pourri » a une odeur beaucoup plus dominante que son goût. Servi avec une Bush Ambrée, il forme un duo wallon de très grande classe. « À mourir », osons-nous dire.

CHIMAY CINQ CENTS & Chimay à la Bière

Le Chimay à la bière est onctueux, plein de caractère, crémeux et très aromatique. Un ensemble parfait avec la vigoureuse triple, ce qu'ont trouvé également les visiteurs passant par-là que nous avons interviewés.

CHIMAY GRANDE RESERVE & Sablé de Wissant

Pour une telle bière, Michel a cherché un fromage équivalent. Il est arrivé avec le Sablé de Wissant, un fromage au lait cru de vache du Nord de la France, « brossé à la bière blanche de Wissant », probablement la bière d'une microbrasserie locale. Ce « sable » est une sorte de chapelure apparaissant sur la croûte. Un fromage avec beaucoup de caractère qui fait penser aux fromages qui sont faits à Chimay même, car l'abbaye dispose aussi d'une fromagerie à Bailleul, où la bière est embouteillée.

CORSENDONK PATER & Fromage Corsendonk

Le crémeux du fromage s'accorde très bien avec cette double fraîche et atypique, car elle est plutôt sèche et fruitée si bien qu'elle coupe joliment le gras du fromage.
Ce fromage crémeux est originaire de Gierle, en Campine anversoise. Il est fait avec du lait de vache pasteurisé. C'est un fromage de type Saint-Paulin à pâte mi-dure, produit pour la coopérative Milcobel.

CUVÉE DU CHATEAU & Époisses Berthaut AOP

Le fromage que Michel va chercher vient du petit village éponyme de Côte d'Or en Bourgogne. C'est un fromage extrêmement onctueux avec une longue tradition, un petit fromage au lait cru de vache thermisé qu'on peut manger « à la cuillère ». Il se fond délicieusement avec la bière fraîche et surette mais quand même sucrée et torréfiée. Pour l'affinage, le fromage est lavé avec un mélange d'eau et de marc de Bourgogne. Ce qui lui donne un goût unique. Son aspect va du jaune orange à l'orange puis au rouge brique après un long mûrissage.

DELIRIUM TREMENS & Vacherin Mont d'Or AOP

Michel avait déjà sorti ce fromage pour le goûter avec une bière précédente, mais cela n'avait pas semblé être une bonne combinaison. Par contre, elle a semblé être superbe avec la Delirium Tremens. Car ce fromage au lait cru de vache du Jura français doit être mangé avec la croûte et tout. C'est alors que l'on goûte la vraie saveur de ce fromage. Il a tout ce qu'il faut pour s'accorder avec la sensuelle Delirium. Remarquez aussi que sa petite boîte en épicéa lui confère aussi un arôme de résine pendant la maturation. Le lait vient de vaches qui ont pâturé dans les hauts alpages. Et le fromage est fait en hiver pour une consommation personnelle.

DUVEL & Crémeux du Mont Saint Michel

Cette bière accapare d'emblée totalement les papilles gustatives de notre maître fromager. L'arôme floral et la longueur en bouche sèche donnent assez vite à Michel l'idée de combiner cette bière à un fromage crémeux de Normandie, fabriqué dans une ferme à deux pas du célèbre Mont-Saint-Michel. « La Chanteraine » fournit un fromage corsé, presque ludique, qui se marie parfaitement avec la Duvel sèche mais cependant elle aussi corsée.

GOUDEN CAROLUS XMAS & Gorgonzola AOP

Le maître fromager débarque avec une petite assiette de trois Gorgonzolas, car il est déjà certain du type de fromage. Nous en goûtons deux, et ces deux Italiens font merveille. C'est un fromage délicieusement suave, avec des petites veines bleu clair et qui fond dans la bouche. Avec la bière de Noël légèrement acide et relevée, on se retrouve au septième ciel. Un mariage de caractère !

GRIMBERGEN DORÉE & Le Petit Lathuy

Notre maître fromager estime que c'est une bière piquante, fraîche et sèche. Il nous sort rapidement de son atelier d'affinage le fromage qui s'impose : un petit fromage biologique des Ardennes, le Petit Lathuy, au lait cru, d'une teneur en matière grasse de 50%. La Fromagerie des Ardennes travaille uniquement avec du lait non pasteurisé et on s'en rend bien compte. Le fromage est plein, élégant, avec très peu de teneur en sel. Il forme une belle harmonie avec la bière assez sèche, qui tranche élégamment avec ce fromage à belle croûte fleurie blanche.

GULDEN DRAAK & Roquefort AOP

Avec une bière de cette puissance, il faut un fromage de grande lignée. C'est pourquoi nous avons choisi le Roquefort, ce fromage au lait cru de brebis, ensemencé de Penicillium Roqueforti, qui développe la moisissure dans son célèbre persillage. Cette combinaison est d'un goût presque divin : le fromage corsé, acide, puissant et surtout salé, qui reste élégamment crémeux sur toute la ligne, n'y va pas de main morte avec la sombre bombe gustative d'Ertvelde. Grâce à la maturation pendant cinq semaines dans l'atelier de Michel, il acquiert l'onctuosité naturelle pour emballer tout simplement la bière titrant dix degrés. Roquefort-Ertvelde: 1-0.

HOEGAARDEN & Mont Ventoux

Avec cette bière fraîche citronnée, Michel sert un petit fromage de chèvre conique des environs du Mont Ventoux, le Géant de Provence. Les deux se conviennent très bien.

HOMMELBIER & Beaufort Haut Alpage AOP

Pour cette bière blonde et sèche, Michel a sorti l'un de ses fromages les plus chers : le Beaufort Haut Alpage. Non seulement les vaches doivent pâturer en altitude, mais le fromage doit aussi y être fait, nous parlons ici de 3000 mètres. Les bêtes mangent en été énormément de fleurs et d'herbes aromatiques, et cela se goûte dans le lait et dans le fromage. Autre fromage convenant parfaitement à cette bière, un type de gruyère d'alpage suisse : l'Etivaz. La bière tranche avec élégance sur le fromage solide et raisonnablement gras.

HOPUS & Pouligny-Saint-Pierre AOP

Pour cette bière de brasseur très riche, Michel a choisi un petit fromage de chèvre de la Loire très goûteux : le Pouligny-Saint-Pierre. Dans la région du Berry, (département de l'Indre), au cœur de la France profonde, ce petit fromage est fait dans les fermes, avec le lait de leurs propres chèvres. L'accord est divin car le fromage sec et frais rime en quelque sorte avec la bière riche, sèche et amère.

HOUBLON CHOUFFE DOBBELEN IPA TRIPLE & Munster Fermier AOP

Michel a d'abord pensé à un Stinking Bishop. Le hasard veut que j'aie découvert ce fromage lors d'un dîner à la bière au célèbre pub londonien The White Horse à Parson's Green. J'y étais en compagnie du regretté Michael Jackson, et nous avons savouré ce fromage puissant et puant, qui n'a certes pas volé son nom. Mais avec la Houblon Chouffe, j'ai voulu frapper plus fort. Un Maroilles ? C'est déjà mieux, mais ce fromage a un goût un peu one way, unidimensionnel. Mais pas de souci, Michel connaît son monde et revient finalement avec quelque chose de nouveau, un Munster fermier de la Ferme Minoux, et un des rares Munsters non pasteurisés. Tant la bière que le fromage sont des bombes, et ils se rencontrent superbement. Peu de bières pourraient faire face, mais la Houblon Chouffe n'est pas la première bière venue : elle est extrêmement sèche, et c'est ce dont cette bombe gustative a besoin. La bière coupe tout simplement le fromage et je garantis que cela fait un vrai feu d'artifice dans la bouche.

CHARLES QUINT BLONDE DORÉE & Mothais sur Feuille

La bière assez unidimensionnelle au goût sucré de l'alcool se sent bien avec ce fromage originaire de la Loire, fait à la ferme avec du lait cru de chèvre.

KRIEK CUVÉE RENÉ & Aged Stilton AOP

J'ai moi-même découvert cette combinaison « par hasard », lors d'un repas de midi par un beau jour d'été. J'avais débouché une Kriek Cuvée René fraîche, et mon épouse avait laissé sur la table un morceau d'aged stilton, en prévision du dessert. J'ai tenté la combinaison et je me suis retrouvé au septième ciel (gustatif). Pour Michel aussi ce fut une découverte : le peu de gras dans ce fromage complexe est joliment soulevé par les acides explicites de la vieille kriek. Une gourmandise ! Ils se tiennent l'un l'autre en équilibre.

LA TRAPPE QUADRUPEL OAK AGED & Langres AOP

Pour cette bière, Michel a quand même dû s'asseoir un peu. Qu'est-ce que le sommelier de la bière ne va pas chercher ! Lors de la dégustation, je vois ses yeux ciller. Je le vois apprécier... et penser au fromage approprié. Son inégalable mémoire gustative le conduit à un grand classique de la région de Dijon : le Langres, d'après la ville du même nom. C'est un fromage

doux à bactérie rouge qui, selon la coutume ancestrale, est lavé pendant l'affinage avec du
Marc de Bourgogne. Il est fait avec du lait entier de vache et possède une croûte lisse un peu
visqueuse de couleur jaune à brun rouge ainsi qu'une odeur très intrigante. Le fromage de
la Maison Van Tricht vient bien entendu de chez un petit fermier et forme par son caractère
affirmé un contraste idéal avec la trappiste mûrie sur chêne, forte, douce et complexe. Tout
s'y rencontre : les malts grillés, le porto, le marc. Il s'agit à coup sûr d'une des associations
bière et fromage les plus complexes et intrigantes de ce livre !

LEFFE BRUNE & Grevenbroecker ou 'Achelse Blauwe'

L'Achelse Blauwe, dont on ne produit qu'une quinzaine de boules par semaine, est devenu
un fromage culte en Belgique. C'est un bleu absolument délicieux, particulièrement lorsqu'il
est affiné par Michel. Celui-ci l'a choisi sans réserve pour l'associer à la Leffe brune. Et il ne
s'est pas trompé : le laitage et la bière glissent tout doucement ensemble vers l'intérieur
comme un jeu d'équipe. Ça marche tout simplement.

LEFFE RUBY & Mamé Vî Bleu

Pas un boulot facile, ce mariage. Michel a dû retourner plusieurs fois dans son atelier pour trouver la bonne combinaison : le Mamé Vî Bleu, un fromage bio au lait cru de vache, venant de la fromagerie du Gros Chêne à Méan fait parfaitement l'affaire.

LEIREKEN BLANCHE D'ÉPEAUTRE & Lingot de Cocagne

Michel est-il biologiquement marqué par le label bio sur la bouteille de Leireken ? Quoi qu'il en soit, il sort des profondeurs de son atelier un petit fromage bio venu de Cocagne, 45% de matière grasse, produit dans la petite localité de Saint-Antonin-de-Lacalm. Le fromage a un très bel aspect, de couleur jaune orange avec une structure dense et crémeuse. Il domine un peu la bière mais c'est très bien ainsi !

LIEFMANS GOUDENBAND & Torta de Oveja

Ce fromage de Salamanque est fait de lait cru de brebis à la fromagerie Antigua. Il a le caractère, l'onctuosité et ce petit trait d'acidité dont nous avons besoin pour réagir à la très complexe Goudenband Liefmans.

MALHEUR BRUT RESERVE & La Gabarre

Michel a déjà bu cette bière un jour et se souvient de sa grande sécheresse. Il lui fallait donc un fromage sec. Il sort donc de son atelier un Gabarre, un fromage de chèvre sec au lait cru, mais auquel a été ajoutée un peu de crème, ce qui le rend spécial. Il est difficile à trouver. Le résultat de l'association est bien là, pas besoin d'être un grand connaisseur pour l'apprécier : elle est grande comme une maison. Sec sur sec, fort sur fort, goûteux sur goûteux… une combinaison simple et évidente, grâce au grand maître du fromage !

MAREDSOUS TRIPLE & Maredsous Affiné

Nous avons goûté avec le Père Abbé la combinaison d'une Maredsous Triple avec un fromage de Maredsous affiné pendant quatre mois à l'abbaye. Les bonnes choses prennent leur temps !

MOINETTE BLONDE & Vieux Moinette affiné à la bière

Bien sûr, nous cherchons ici un fromage de la gamme de Madame De Deycker, fait sur place dans la fromagerie attenante à la brasserie. Un fromage à pâte mi-dure avec une belle couleur mûrie apporte suffisamment de réponse à la bière vigoureusement houblonnée. Ils sont tombés amoureux l'un de l'autre comme un vrai couple !

VIEILLE GUEUZE MORT SUBITE & Salers AOP

Michel est émerveillé par cette bière car c'est un grand amateur de gueuze. Comment pourrait-il en être autrement car ce sont des bières idéales à marier avec du fromage à cause de leur haut degré d'acidité. Et pour cette championne, il sort un Salers de derrière les fagots. Le Salers est un fromage fermier du Cantal en Auvergne, fait avec du lait de vache non pasteurisé. Il tire son nom de la ville médiévale de Salers et est reconnaissable à la petite plaque en métal rouge portant le numéro de la ferme. Le Salers forme une combinaison très élégante avec la gueuze, son goût piquant de pierre à fusil (l'Auvergne est volcanique) s'accorde très bien avec cette bière complexe mais pourtant accessible. Le fromage reçoit un deuxième salage, peut-être est-ce le secret de la réussite de cette combinaison…

OMER TRADITIONAL BLOND & Cabriolait

Michel est séduit par ce goût plein et rond et décide que cette bière a besoin d'un fromage au goût puissant et moelleux. C'est pourquoi il pense au Cabriolait de Hinkelspel, la fromagerie artisanale gantoise. C'est un fromage de chèvre au lait cru, que Michel fait mûrir au moins trois mois, ce qui lui fait perdre un peu de son acidité caractéristique. Et c'est bien ce dont l'Omer a besoin. Deux puissances en présence, une belle harmonie.

ORVAL & Pas de Rouge

Michel est lui-même grand amateur de cette bière exceptionnelle. Après une bonne gorgée d'une Orval de 2,5 ans d'âge (mûrie dans les caves du sommelier de la bière), il disparaît dans son atelier et revient avec un Pas de Rouge, un fromage à pâte mi-dure fait au lait cru par la fromagerie gantoise « Het Hinkelspel » C'est un fromage plein de caractère qui n'est pas dominé par la bière, mais forme avec elle un bel équilibre. Les deux produits sont complexes, mais pas exagérément. C'est une combinaison très fraîche qui fonctionne ! Ainsi, l'on peut constater que des bières (particulières) peuvent elles aussi « s'affiner » ou « vieillir ».

VIEILLE GUEUZE BOON & Brillat-Savarin

La bière sèche et sure réclame à cor et à cri un fromage plein de caractère et onctueux, que nous avons trouvé en Ile-de-France. Le Brillat-Savarin est un fromage de ferme que coupe parfaitement la bière.

PALM REFERMENTÉE EN BOUTEILLE & Noord Hollandse Gouda AOP

Nous avons choisi cette combinaison car les deux produits ont un goût très doux tout en manifestant néanmoins du caractère.

PAUWEL KWAK & Cashel Blue

Ce fromage irlandais au lait cru, bien persillé et à la couleur jaune typique (qui fait aussi penser au beurre Kerrygold), a suffisamment de choses en lui pour former une belle paire avec la Kwak, qui étant donné son degré élevé d'alcool peut supporter un compagnon vigoureux.

PETRUS GOUDEN TRIPEL & Saint-Marcellin

Ce fromage très coulant, qui vient du petit village du même nom dans le Dauphiné, est fait avec du lait de vache et est particulièrement crémeux et moelleux, chose dont peut profiter la Petrus avec son petit trait acide. La bière en devient tout simplement encore meilleure. Ce qu'il y a de typique dans le Saint-Marcellin, c'est que dans son moule seul le dessus est salé, après quoi les petits fromages caillés vont dans un grenier de séchage pour continuer à mûrir et prendre leur goût. Délicatement délicieux, ce fromage se situe entre un camembert bien fait et un Sainte-Maure-de-Touraine. Pas trop lourd, tout comme la bière. Emballé dans des petits ramequins en terre cuite, dans lesquels on peut savourer le fromage à la cuillère.

PETRUS OUD BRUIN & Crottin de Chavignol AOP

Michel trouve que c'est une bière facile à combiner. À la recherche de l'élégance, il s'oriente vers un fromage de brebis ou de chèvre pour s'arrêter au Crottin de Chavignol, crémeux et affiné en son atelier. Le petit fromage acquiert ainsi une fraîcheur qui s'accorde avec celle de la bière.

ROCHEFORT 8 & Fourme d'Ambert AOP

« Fourme » est un ancien mot pour fromage, toujours utilisé aujourd'hui en Auvergne, et vient des moules qui étaient utilisés. La Fourme d'Ambert est le plus doux des fromages bleus, au lait cru de vache, avec une croûte gris bleu à brun orangé. Son goût doux, terreux et beurré se marie particulièrement bien avec la bière élégante, fruitée et rôtie, qui est d'une grande finesse.

RODENBACH VINTAGE 2008 & Brugge à la Rodenbach

Il s'agit d'un fromage à pâte mi-dure et crémeuse, affiné tranquillement dans la vieille bière brune traditionnelle de Roulers. Les fromagers du Brugge ont cherché un procédé unique. Pendant la maturation, le fromage est plongé dans un tonneau de bois de Rodenbach classique. Le fromage Brugge acquiert ainsi le goût plein d'un fromage à pâte mi-dure, à la fois piquant et crémeux, et l'arôme légèrement acide de la fermentation mixte de la Rodenbach... L'odeur typique de la vieille brune se mélange aussi dans la croûte du fromage et renforce l'expérience sensorielle. En plus, le fromage semble plus rouge (surtout la croûte) et forme une jolie combinaison visuelle avec une Rodenbach à ses côtés.

ST-FEUILLIEN BLONDE & Pérail des Cabasses

De la chambre d'affinage de Michel sort un fromage 100% brebis de l'Aveyron. Ce petit fromage a un goût prononcé de bergerie, il est d'ailleurs fait avec du lait cru. Du caractère à revendre, ce dont la St-Feuillien blonde a bien besoin.

STRAFFE HENDRIK & Brugse Blomme

Nous avions trouvé cette superbe association de bière et fromage lors d'une dégustation pour le magazine Bière Passion. Michel est tout à fait d'accord : le Brugse Blomme est un fromage mi-dur, avec une croûte naturelle comestible, d'une texture crémeuse et à la saveur très douce. Le fromage influence joliment la bière, qui se révèle plus complètement en sa compagnie. La bière et le fromage se caractérisent par la même structure crémeuse. En solo, la bière est plus faible que dans sa combinaison avec le fromage. Et que tous deux plongent leurs racines dans la ville de Bruges, c'est quand même une belle histoire.

TEMPELIER & Pélardon Fermier AOP

Ce fromage au lait cru de chèvre vient des Gorges du Tarn, au sud du Massif Central. Il est frais, élégant et onctueux, et juste assez relevé pour former une belle harmonie avec cette bière fraîche et pas trop lourde.

VIEILLE KRIEK TIMMERMANS & Rossini Erborinato

Dans son atelier d'affinage, Michel a quelque 350 fromages différents. Et parmi ceux-ci, le Rossini Erborinato d'Italie du Nord, un peu veiné de bleu. Il semble sec, mais en le sortant de son emballage, on a l'impression de peler des raisins car il a mûri un peu de temps dans du moût de raisin. Ce sont manifestement des vignerons qui s'en sont occupés. Le fromage a de la puissance, du caractère et s'accorde tout simplement à la kriek assez sure. Si on fait la bonne association, aussi bien la bière que le fromage y gagnent. Ce fromage fermier de Bergame (Taleggio) tient le coup face à toute cette acidité, il adoucit la bière avec sa matière grasse crémeuse et prend un goût absolument délicieux.

TONGERLO PRIOR & Saint-Félicien 'Le Tentation'

C'est la première fois que Michel boit une Tongerlo Prior. Cette bière très douce et fruitée avec son petit accent de poire le séduit. Pour l'association, il prévoit une petite fête : il sort de son atelier un « petit fromage à la cuillère » presque coulant, se trouvant dans un petit panier rond et qu'il sert accompagné d'une petite cuillère. C'est un double crème au lait cru de la région lyonnaise, une mecque gustative. Cette association est un pur délice, douceur contre douceur, la bière fond joliment avec le fromage.

TRIPEL KARMELIET & Comté Fort Saint-Antoine AOP

C'est une très belle combinaison visuelle car tant le fromage que la bière ont une couleur jaune naturelle. Et le fruité du fromage (les vaches mangent des fleurs dans les alpages du Jura) et le fruité de la bière se complètent merveilleusement. Une rencontre florale et un grand mariage !

TROUBADOUR MAGMA & Nuits d'Or

Ce nom nous fait naturellement penser à Nuits-Saint-Georges, le superbe village viticole de Bourgogne. Le fromage qui en est aussi originaire est au lait de vache pasteurisé, assez onctueux et avec une croûte lavée. Cette combinaison fonctionne, la bière sèche ayant besoin de matière grasse pour trouver son équilibre.

WESTMALLE DUBBEL & Mimolette

Michel a veillé à une belle rencontre avec la mimolette du nord de la France. Les douces tonalités de la Westmalle sont sublimées et soulevées par ce fromage vieux de deux ans, très dur et au goût puissant. La croûte de ce fromage doit être brossée fréquemment pour éviter les mites du fromage. La croûte est par ailleurs enduite d'annato, un colorant sud-américain.

WESTMALLE TRIPLE & Li P'tit Rossê

Bien sûr, le fromage de Westmalle maison est délicieux avec la bière, mais Michel ne serait pas Michel s'il ne sortait pas de son atelier sa propre combinaison. Ce fut donc un fromage bio belge au lait frais de la Fromagerie des Ardennes à Werbomont, Li P'tit Rossê (le petit Rouquin).

AFFLIGEM TRIPLE

L'abbaye d'Affligem a depuis le début des années septante un accord avec la brasserie De Smedt d'Opwijk pour la production et la distribution de ses bières d'abbaye. Depuis le début des années 2000, la brasserie est passée aux mains de Heineken qui, quinze ans plus tard, a fait d'Affligem une de ses marques prioritaires. Un Américain qui passait un jour par Opwijk a qualifié la triple de « God in a glass of beer » et ce n'est pas exagéré. L'Affligem Triple est assurément l'une des meilleures triples sur cette terre.

Dégustation

- *Provenance : Brasserie d'Affligem, Opwijk.*
- *Bouteille : 33 cl avec capsule et 75 cl avec bouchon.*
- *Teneur en alcool : 9 % vol.*
- *Aspect : blond, limpidité brillante. Col de mousse blanche et fine, mais assez modeste.*
- *Arôme : une séduisante odeur de fruit sucré et de banane blette.*
- *Goût et longueur en bouche : le sucré, l'amer et le fruité, tous les composants gustatifs forment un bel équilibre.*

Pavé de Tavys Fleuri

Il y a quelques années, par une dure journée d'hiver avec beaucoup de neige, alors que je devais me rendre chez un client à Marche-en-Famenne, ma camionnette a pratiquement glissé dans un fossé sur le Plateau du Gerny. Un peu revenu de ma frayeur, j'ai emprunté une petite route de campagne un peu moins enneigée et je suis arrivé devant la Fromagerie du Plateau du Gerny dont je n'avais jamais entendu parler. J'ai sonné et j'ai été cordialement accueilli par Anne Walhin-Lecaille. C'est elle qui avec Viviane Maillen-Évrard, une amie, fait une belle gamme de fromages artisanaux. Et parmi eux, le Pavé de Tavys Fleuri. C'est un fromage au lait cru à croûte fleurie du type camembert. Les vaches qu'Anne et Viviane font paître dans la région d'Aye produisent un lait de qualité, et cela se goûte dans leur gamme de fromages. Je lève un verre d'Affligem Triple à Anne et Viviane et leur suis toujours reconnaissant de notre collaboration.

Accord

Comme un bon camembert, ce fromage à croûte fleurie est fait avec du lait cru de vaches de première qualité, savoureux et onctueux. Avec lui, la bière doit être blonde et fruitée. Cette triple fait parfaitement l'affaire : il y baigne dans la béatitude…

ARMAND (TER DOLEN)

Mieke De Splenter, avec un nom pareil, doit avoir du sang de brasseur dans les veines. Et c'est bien le cas. En 1994, elle a créé la Brasserie Ter Dolen dans la localité limbourgeoise de Helchteren, connue pour ses bières d'abbaye Ter Dolen. Sa plus récente bière a été dédiée à son père, Armand De Splenter, décédé en 2014. Cette bière a remporté d'emblée l'or au premier Brussels Beer Challenge.

Dégustation

- *Provenance : Brasserie Ter Dolen, Helchteren.*
- *Bouteille : 33 cl avec capsule et 75 cl avec bouchon.*
- *Teneur en alcool : 7 % vol.*
- *Aspect : blond pâle et voilé, la mousse blanche et fine retombe rapidement en bulles grossières.*
- *Arôme : fruité et frais, avec une évocation d'ananas, donc amer et acide. L'amertume du nez ne fait pas vraiment penser à du houblon.*
- *Goût et longueur en bouche : plus amer que l'odeur ne le laisse supposer, mais aussi fruité. La longueur en bouche est brève, une légère amertume s'accroche.*

La Tartufina

La Tartufina est un petit fromage de Toscane, dans le Nord de l'Italie. C'est un type Robiola au lait de vache pasteurisé, auquel on ajoute des truffes fraîches. C'est un petit fromage d'environ 100 g qui, pendant l'affinage, devient doux et crémeux. Avec une petite bouteille d'Armand et ce fromage fin et velouté, nous planons dans les hautes sphères gastronomiques.

Accord

Le Limbourg et le Piémont nous proposent ici un jeu subtil et alterné de saveurs. La bière fruitée flotte tout en légèreté au-dessus du fromage truffé, mais en reçoit aussi beaucoup en retour. « Bekömmlich », diraient les Allemands.

AVEC LES BONS VŒUX

C'est sans nul doute une des meilleures bières du pays. La Brasserie Dupont fait plus particulièrement des Saisons et celle-ci est une version plus forte de la Moinette Blonde. À l'origine proposée uniquement à l'époque de la nouvelle année, d'où son nom, elle est devenue depuis partie intégrante de la gamme. Comme toutes les bières de Dupont, elle est brassée à « flamme nue » sous les chaudières… on ne voit plus cela nulle part. Le feu direct qui chauffe les chaudières de brassage apporte une certaine caramélisation dans la pâte, qui donne à la bière la richesse spéciale de son goût.

Dégustation

- *Provenance : Brasserie Dupont, Tourpes.*
- *Bouteille : 33 cl avec capsule, 75 cl et magnum de 150 cl avec bouchon.*
- *Teneur en alcool : 9,5 % vol.*
- *Aspect : blond orangé, légèrement voilé, avec un col de mousse riche et crémeux.*
- *Arôme : légèrement acide et amer.*
- *Goût et longueur en bouche : douceur de velours, plénitude en bouche, avec une longueur en bouche relevée et amère.*

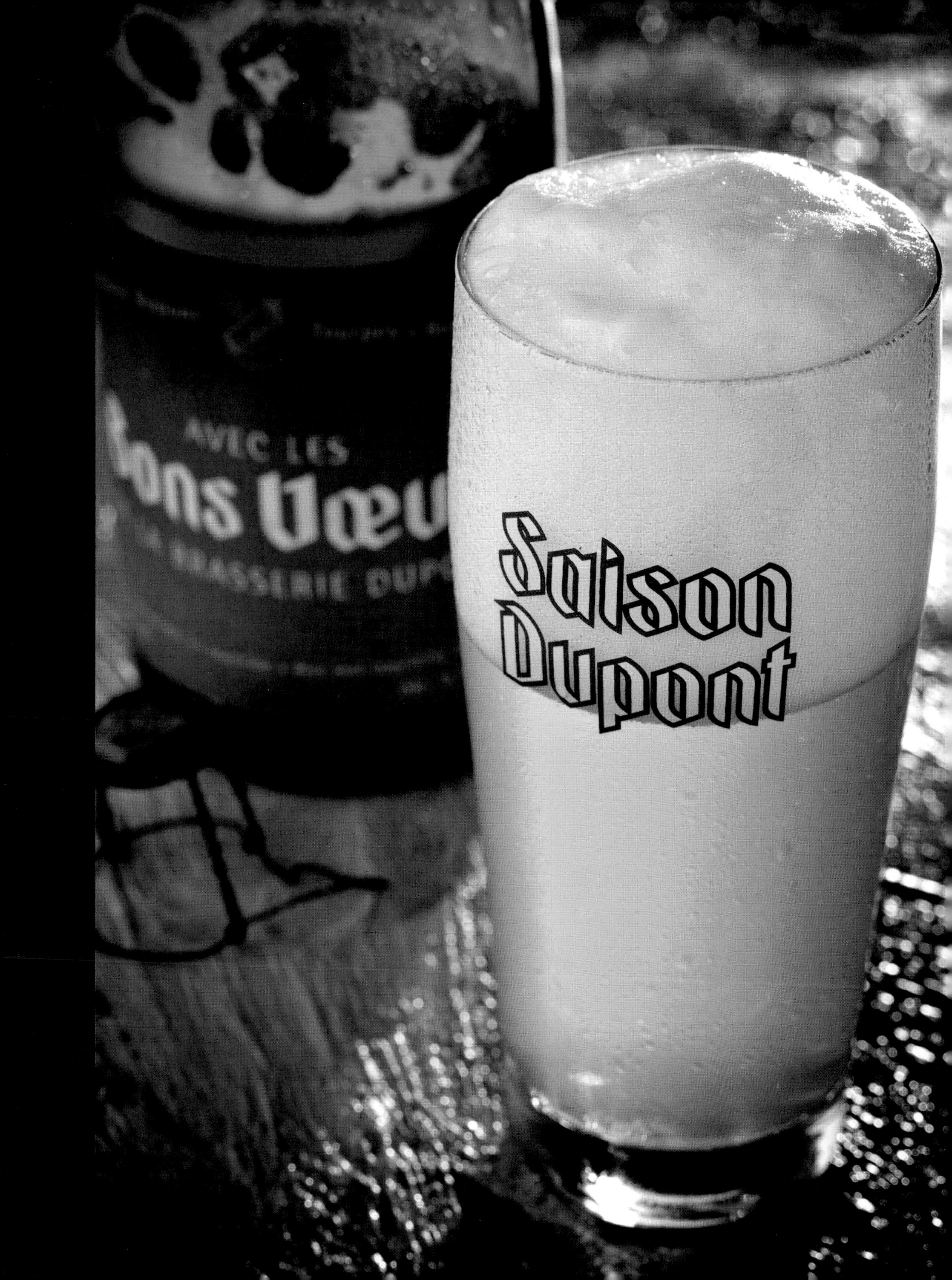
AVEC LES
Saison
Dupont

Le Palet du Vieux Moulin

Le fromage belge le plus connu et le seul portant le label AOP (Appellation d'Origine Protégée) est le Herve. Le meilleur, et l'un des seuls qui soient encore faits au lait cru, vient de la Ferme du Moulin. Le Palet du Vieux Moulin est un fromage de Herve lavé avec une bière locale appelée Hervoise. La bière est mélangée à un sirop de pomme et de poire sans sucre ajouté. En le lavant avec ce mélange de bière et de sirop, le fromage prend un goût plus doux et moins piquant que le Herve habituel. En tant que maître fromager, nous ne pouvons qu'être heureux de voir Madeleine Hanssen faire des fromages de Herve de qualité supérieure. Félicitations Madeleine, nous allons boire avec lui à votre santé une délicieuse Bons Vœux de la Brasserie Dupont !

Accord

Le fromage de Herve est très puissant et crémeux et pourtant la bière tient la route… Une redoutable prestation et un formidable mariage wallon.

AVERBODE

Il y a de nombreuses bières d'abbaye en Belgique. À coup sûr, entre trente et quarante. Mais l'Averbode a été la première faite avec un houblonnage à cru. Cette technique consiste à ajouter, pendant la maturation de la bière, encore une dose de houblon, le plus souvent sous la forme de véritables cônes. Ceux-ci apportent une amertume supplémentaire et assurent une longueur en bouche très sèche. Les Norbertins d'Averbode font brasser leur bière chez Huyghe, avec une levure spéciale, de l'avoine, de l'épeautre, du malt et quatre sortes de houblon dont le Challenger et le Saaz. Elle est aussi refermentée en bouteille et, lorsque vous la goûtez, vous vivez pleinement l'instant. La bouteille et l'étiquette, très sobres, ont gagné le *Sparflex Award* pour le meilleur emballage de bière en 2015.

Dégustation

- *Provenance : Brasserie Huyghe, Melle.*
- *Bouteille : 33 cl avec capsule ou 75 cl avec bouchon.*
- *Teneur en alcool : 7,5 % vol.*
- *Aspect : blond doré et légèrement voilé, une solide mousse blanche.*
- *Arôme : floral, après la valse se dégage aussi un peu de malt sucré.*
- *Goût et longueur en bouche : très plein en bouche, avec une fine amertume de houblon sur la fin. La bière est parfaitement équilibrée.*

Pavé de Tavys

Ce fromage artisanal doré est l'œuvre de deux dames fromagères, Anne Wakhain-Lecaille et Viviane Mailleu-Evrard. Il vient de la région de Marche-en-Famenne. La ferme se trouve sur le Plateau du Gerny, à Aye en Province du Luxembourg belge. La croûte est colorée avec le colorant naturel Annatto et ensuite lavée à la saumure. Le goût est assez doux et accessible, légèrement salé avec des touches fraîches. Ce petit fromage au lait cru pèse environ 400 g. Dégustez-le de préférence avec la croûte. Celle-ci donne une plus-value au goût tant de ce beau fromage que de la superbe bière d'Averbode.

Accord

La fraîcheur de ce fromage convient merveilleusement à l'Averbode relevée dont le goût de houblon persiste longuement.

BASTOGNE PALE ALE

La Brasserie de Bastogne est une sorte de projet typique d'un « croyant ». Philippe Minne, ingénieur, achète en 2008 l'installation au rebut de « La Rulles » et commence à brasser. Après cinq ans, il abandonne son job quotidien pour devenir brasseur à plein temps. La Bastogne Pale Ale est la bière dont Philippe et sa charmante épouse Catherine sont les plus fiers. C'est une bière amère, mais équilibrée. Ce n'est donc pas une IPA mais bien une BPA.

Dégustation

- *Provenance :* *Brasserie de Bastogne, Vaux-sur-Sûre.*
- *Bouteille :* *75 cl avec capsule.*
- *Teneur en alcool :* *6 % vol.*
- *Aspect :* *brun orangé, voilé.*
- *Arôme :* *fruité, citronné et aussi un peu de sensualité tropicale.*
- *Goût et longueur en bouche :* *relevé avec des touches fruitées et une longueur en bouche sèche.*

Trois Laits de Soumagne

Encore un fromage produit à La Ferme du Chemin Châtaigne à Soumagne. Benoît Duysens utilise ici le lait de son propre troupeau de chèvres et de brebis. Le lait de vache est acheté à un fermier qui livre aussi le lait avec lequel est fabriqué le fromage de Herve, sur le plateau du même nom. Ce fromage du type abbaye est fait avec un mélange de lait cru de brebis, de chèvre et de vache. Son goût très accessible s'accorde à de nombreux types de bière. Le choix de bière de Ben et de moi-même est finalement allé à une Bastogne Pale Ale.

Accord

Cette bière estivale et désaltérante, au délicieux goût de houblon, réclame un fromage pas trop complexe mais pourtant savoureux. Ce Trois Laits de Soumagne a cependant un goût de chèvre marqué, et cela convient toujours très bien avec des bières amères.

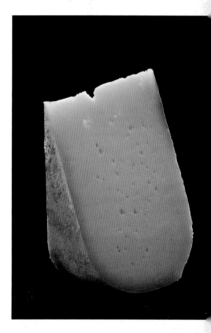

BOON VIEILLE GUEUZE MARIAGE PARFAIT

Le brasseur de lambic et coupeur de gueuze Frank Boon de Lembeek, près de Halle, est actuellement notre principal producteur de vieilles gueuzes. Une vieille gueuze est une gueuze faite avec un « blend » de jeune et vieux lambic dont l'âge moyen est d'un an. Cette bière de fermentation spontanée continue à mûrir en bouteille, et peut être conservée jusqu'à trente ans. Ce qu'il y a d'unique chez Boon, c'est qu'il dispose d'une collection unique de foudres (de gros tonneaux de bois), si bien qu'il peut à cœur joie faire des mélanges, constituant ainsi les meilleures gueuzes avec toutes une caractéristique dominante : elles sont moelleuses, ni tranchantes ni vinaigrées, mais délicieusement douces avec cependant un soupçon d'acide malique. Sa « Mariage Parfait » est sa meilleure bière, un mélange avec principalement du lambic de cinq ans d'âge, elle est raisonnablement plus forte qu'une simple gueuze, et s'accorde particulièrement bien avec pratiquement tous les fromages.

Dégustation

- *Provenance : Brasserie Boon, Lembeek.*
- *Bouteille : 37,5 cl avec bouchon de champagne et muselet.*
- *Teneur en alcool : 8 % vol.*
- *Aspect : ambre jaune clair, couronné d'un beau col de mousse.*
- *Arôme : très frais, plus épicé que fruité ; sont perceptibles des touches de menthe, de poivre, de vanille, de bois de cèdre et de santal.*
- *Goût et longueur en bouche : un goût très intense et surtout complexe, dans lequel le vieux lambic domine. Ressortent aussi du bois, de la vanille et du « butterscotch ». Très équilibré. Longueur en bouche persistante, sèche et intense.*

Old Groendal

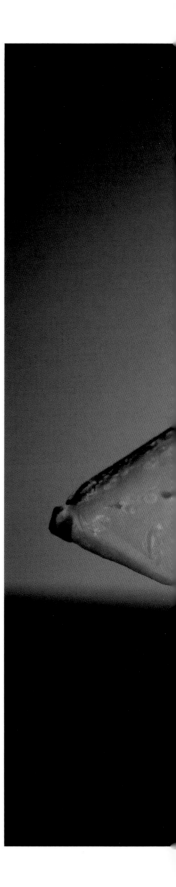

La belle fromagerie de Dominique et Johan Deweer se trouve à Rumbeke, près de Roulers. Ils font quelques beaux fromages avec la totalité du lait de leurs vaches. Un des sommets est l'Old Groendal. Le fromage est mûri 18 mois et présente de très beaux cristaux de maturation. C'est un fromage de type Gouda à pâte brisante (qui s'effrite) mais pourtant onctueux. Il est très relevé et fortement goûteux à cause de ses cristaux de sel. La totalité de la production est achetée par les affineurs Van Tricht. Malheureusement, la demande est plus forte que l'offre mais Dominique et John envisagent de booster la production de leur fromage fermier artisanal, sans déroger à la qualité de ce fromage magistral de Flandre occidentale. Une Mariage Parfait de Boon et un Old Groendal sur la table… Que la fête commence !

Accord

Comme cette vieille gueuze contient du lambic d'en moyenne un an d'âge, ce n'est pas simple de lui adjoindre un fromage. L'Old Groendal est prêt après 18 mois pour un mariage subtil du salin et de l'acide. Un tel accord ne se fait pas en un clin d'œil.

BRASSERIE LE FORT

Omer-Jean Vander Ghinste a sorti cette bière foncée en 2014 en hommage à Felix Verscheure, dont la brasserie courtraisienne a été transmise à sa petite-fille Marguerite Vandamme, mariée avec Omer Vander Ghinste… Bellegem brasse aujourd'hui cette bière foncée forte, faite avec du froment et différentes sortes de malt d'orge, variant du malt de pils, du malt de couleur, du malt rôti et de sucre candi brun. Après 103 ans, une bière foncée forte est revenue dans la famille, et ils en sont fiers à Bellegem.

Dégustation

- *Provenance : Brasserie Vander Ghinste, Bellegem.*
- *Bouteille : 33 cl avec capsule.*
- *Teneur en alcool : 8 % vol.*
- *Aspect : brun foncé, avec une superbe et épaisse mousse « caffe latte ».*
- *Arôme : du fruit, du candi, du caramel et un peu de chocolat.*
- *Goût et longueur en bouche : rond, légèrement amer et fruité avec aussi un peu de réglisse. Si l'on verse le fond, on obtient encore en plus un peu de corps et d'amertume. Longueur en bouche relevée.*

Bleu du Val d'Aillon

La Fromagerie du Val d'Aillon se trouve en Savoie dans la Région Rhône-Alpes. Cette entreprise artisanale fait depuis 1997 le Bleu du Val d'Aillon dans une petite fruitière dans le Massif des Bauges. C'est un fromage bleu fait avec du lait cru et demi-écrémé. Le Bleu se développe par l'ajout du penicillium qui sert aussi à la fabrication du roquefort. Le fromage mûrit dans des caves locales à une température de 10 °C pendant 5 à 6 mois. La texture est onctueuse et butyreuse. Ce fromage bleu riche et plein se sent tout à fait à l'aise avec une Brasserie Le Fort.

Accord

Bière foncée et fromage bleu, c'est une évidence. Mais la Brasserie Le Fort fait du beau travail et demande un peu plus de complexité. Ce que l'on obtient avec la longue maturation et les effets bénéfiques de « penicillium Roqueforti ».

BUFFALO BELGIAN BITTER

À la Buffalo originale (qui est foncée) est liée une anecdote amusante. Lorsque le cirque de Buffalo Bill se produisit à Sint-Lievens-Esse, les valets de la brasserie voulurent aussi le voir et abandonnèrent la chaudière allumée à son sort… si bien que le malt se torréfia et que l'on obtint ainsi une bière foncée avec des tonalités grillées, qui fut alors baptisée Buffalo… Cette Buffalo est en fait d'une toute autre trempe, blonde, bien houblonnée au goût du jour, une bière très fine dans sa catégorie.

Dégustation

- **Provenance :** *Brasserie Van den Bossche, Sint-Lievens-Esse.*
- **Bouteille :** *champagne 75 cl avec bouchon.*
- **Teneur en alcool :** *8 % vol.*
- **Aspect :** *blond foncé et de limpide à légèrement trouble. Très beau col de mousse qui laisse de la dentelle sur la paroi du verre.*
- **Arôme :** *légèrement houblonné, surtout du houblon vert frais avec des touches de résine. Également un soupçon d'alcool.*
- **Goût et longueur en bouche :** *très sec, riche de divers goûts de houblon, vert, résiné-fruité et très facile à boire. La longueur en bouche est joliment amère.*

Rond du Berry

Le Rond du Berry est un fromage de brebis de la région Centre, au cœur de la France. C'est un type de fromage de brebis que l'on peut comparer au plus connu Pérail, produit dans l'Aveyron en région Midi-Pyrénées. L'un des atouts principaux du Rond du Berry, c'est que la maîtresse fromagère Annie Askamp le produit de manière traditionnelle, sans faire appel à des techniques plus modernes et plus faciles. Le fromage est immédiatement fait avec le lait frais des brebis. Après 3 à 4 semaines de maturation dans nos caves d'affinage, le fromage prend une belle structure moelleuse. À sa ferme, Annie Askamp fait aussi un autre beau fromage de brebis au lait cru appelé Saulzais. Une Buffalo dans le verre et du Rond du Berry sur la planche, que la fête commence !

Accord

Cette bière fortement houblonnée réclame en fait un fromage doux et moelleux qu'elle peut trancher à loisir. Le crémeux subtil de ce superbe fromage de brebis est « lavé » par la bière extrêmement sèche.

BUSH PRESTIGE

Ce fut la première bière que la Brasserie Dubuisson a fait mûrir sur du chêne. La Bush Ambrée est décantée pendant quelque six mois dans des tonneaux de Bourbon, ce qui donne un résultat fantastique : elle devient vineuse, le sucré de l'alcool est tempéré par les tanins encore présents dans les fûts. À l'embouteillage, on ajoute encore un peu de sucre et de levure, ce qui fait grimper le degré d'alcool dans la bouteille jusqu'à 13 %. Cette bière s'accompagne particulièrement bien de fromages au goût très fort.

Dégustation

- **Provenance :** *Brasserie Dubuisson, Pipaix.*
- **Bouteille :** *champagne 75 cl avec bouchon et muselet.*
- **Teneur en alcool :** *13 % vol.*
- **Aspect :** *ambré, mais plutôt trouble que voilé. La mousse est fine et blanc cassé.*
- **Arôme :** *très agréable, une combinaison de Grand-Marnier (écorce d'orange) avec un rien d'amande et de vanille complétée par la chaleur et le sucré de l'alcool. Avec aussi de clairs arômes de whisky Bourbon.*
- **Goût et longueur en bouche :** *la bière, pleine en bouche, a un goût de bois, elle est ronde, moelleuse et équilibrée. On y retrouve tant du Grand Marnier que du whisky Bourbon. La longueur en bouche est douce et persistante.*

Shropshire Blue

C'est un fromage au lait de vache de Grande-Bretagne, de la famille du Stilton. Ce fromage a été pour la première fois fait en 1970 à la laiterie Castle Stuart à Inverness en Écosse par Andy Williamson, un fromager formé à la fabrication du Stilton dans le Nottinghamshire au Royaume-Uni. Le fromage a d'abord été connu sous le nom « Inverness-shire of Blue » ou « Blue Stuart » mais pour faire monter l'intérêt pour le fromage, il a été baptisé en Shropshire Blue, même s'il n'a rien à voir avec le comté du Shropshire.
Le fromage est aujourd'hui fabriqué dans deux fromageries de Clawson, Leicestershire, Cropwell Bishop et Colston Bassett, où est aussi produit du Stilton.

Ce fromage persillé doit sa pâte orange à l'apport d'annatto, un colorant naturel. Le Shropshire est plus doux que le Stilton mais de texture aussi crémeuse. Outre le relevé de ses veines bleues, on y goûte également un rien de caramel. Tant le Shropshire Blue que le Stilton que nous importons proviennent de la fromagerie Colston Bassett. La Bush Prestige est une bière qui donne au Shropshire un boost supplémentaire à hauteur du palais.

Accord

La Bush Prestige est de loin la meilleure bière de Dubuisson. Ses tonalités complexes de bois et de bourbon demandent un fromage au goût très puissant. Ce fromage bleu anglais est une bombe gustative qui associe force et élégance, une combinaison incandescente.

CHIMAY ROUGE

L'abbaye Notre-Dame de Scourmont est toujours notre plus grande brasserie trappiste avec une production de plus de 175.000 hl, dont la moitié part à l'exportation. La plus légère des bières brunes est la Chimay Rouge, nommée d'après la couleur de sa capsule. C'est une double originelle, la bière que toutes les abbayes ont brassée bien avant que n'arrivent les triples, blondes, grandes réserves et autres quadruples. L'abbaye de Scourmont abrite la brasserie, mais les bières sont embouteillées dans la localité proche de Baileux, où est aussi installée une fromagerie.

Dégustation

- *Provenance : Brasserie trappiste de l'abbaye Notre-Dame de Scourmont.*
- *Bouteille : 33 cl avec capsule et 75 cl avec bouchon.*
- *Teneur en alcool : 7 % vol.*
- *Aspect : brun rouge, avec un col de mousse blanche plutôt modeste.*
- *Arôme : des touches de figues mais également fumées.*
- *Goût et longueur en bouche : l'amertume du goût vient plutôt des malts torréfiés que du houblon. Le soupçon de viande fumée vient lui de la levure. Légèrement sucrée et maltée, avec une légère amertume, douce et pourtant relevée.*

Vieux Chimay

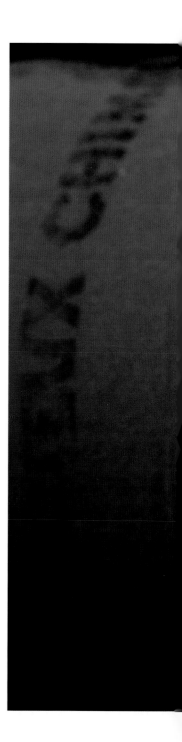

Qui pense Chimay voit devant lui une belle couleur avec une bière mousseuse. Mais les moines de l'abbaye, en dehors de leurs superbes bières, font aussi quelques beaux fromages. Le Vieux Chimay est un fromage à pâte dure qui demeure au moins six mois dans les caves d'affinage. Les fromages peuvent même mûrir jusqu'à 24 mois et la croûte prend alors une couleur brune. Le Vieux Chimay est fait avec du lait pasteurisée venant du pays environnant. Un beau Vieux Chimay affiné a une saveur fine de noisette, avec un arôme fruité et des touches légèrement amères.

Le Vieux Chimay peut parfaitement se comparer à la Mimolette française. Le Vieux Chimay prouve que nous avons aussi en Belgique d'excellents fromages à pâte dure. Et que servir avec ce régal ? Une Chimay Rouge, bien entendu.

Accord

Un grand moment de lunch : une tartine de pain bis avec une solide tranche de Vieux Chimay et son beau goût salin, et par-dessus un petit verre à dégustation de Chimay Rouge. Cela ne demande aucune explication, goûtez, on ne vous dit que ça…

CORNET

La première bière de la brasserie de Hoorn (la microbrasserie filiale de Palm Belgian Craft Brewers) a été d'emblée un coup dans le mille. Pour la première fois, un processus spécial a été appliqué : la macération de la bière avec des copeaux de bois. D'où le terme « oaked », un procédé souvent utilisé dans le monde vinicole. Il apporte à cette bière blonde forte une touche acide supplémentaire. Une bière bluffante, perturbante. Pour moi, ce fut LA bière de 2014. Le nom Cornet vient de celui de Theodoor Cornet, régisseur, aubergiste et brasseur en 1686, qui a brassé une « bière de conservation » pour le comte de Maldegem, en la faisant mûrir dans des tonneaux de bois.

Dégustation

- *Provenance : Brasserie De Hoorn, Steenhuffel.*
- *Bouteille : 33 cl avec capsule et 75 cl avec bouchon.*
- *Teneur en alcool : 8,5 % vol.*
- *Aspect : blond pâle, solide mousse blanche.*
- *Arôme : du malt de pils, de la fraîcheur et un peu de houblon.*
- *Goût et longueur en bouche : raide, sec avec de subtiles touches de vanille du fait de la (courte) macération sur chêne.*

Kaaster-kaas

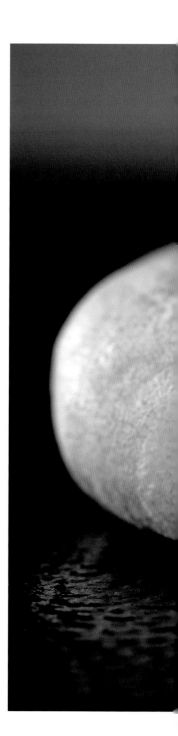

Tout comme notre Old Groendal, le Kaasterkaas est produit par la fromagerie 't Groendal à Rumbeke, près de Roulers. Son nom Kaaster trouve son origine dans la commune de Rumbeke. Ce fromage fermier à pâte semi-dure et à la croûte lavée est fait avec du lait de qualité des vaches de la fromagerie, pasteurisé. Ce fromage artisanal relevé et crémeux trouve parfaitement sa place au côté de la délicieuse Cornet.

Accord

Une bière de cette trempe demande un fromage avec du corps et du goût. Le Kaasterkaas fait parfaitement le job, sans beaucoup de tralala. Tout simplement délicieux !

CORSENDONK AGNUS

C'est dès le début des années quatre-vingt que sont apparues deux bières Corsendonk, une Pater brune et une triple Agnus. Deux créations de Jef Keersmaekers, négociant en bières à Oud-Turnhout mais avec un important passé de brasseur. Il fait brasser les bières à la Brasserie du Bocq à Purnode, dans le Namurois. Le nom vient du Prieuré de Corsendonk avec lequel il a conclu un contrat de royalties. Entre-temps, la gamme s'est étoffée avec une Christmas, une Blonde et aussi une Kriek.

Dégustation

- *Provenance : Brasserie du Bocq, Purnode.*
- *Bouteille : 33 cl avec capsule et 75 cl avec bouchon.*
- *Teneur en alcool : 7,5 % vol.*
- *Aspect : blond limpide avec un col de mousse fin et blanc.*
- *Arôme : une odeur relevée avec énormément de touches fruitées et un arôme de levure de bière et de houblon.*
- *Goût et longueur en bouche : au début fruité, ensuite délicatement épicé et même parfumé avec une longueur en bouche houblonnée qui s'accroche.*

L'Etivaz

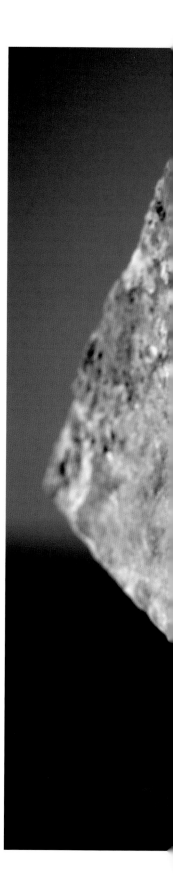

L'Etivaz est un fromage relevé fait dans les Alpes suisses. C'est un type Gruyère fait dans le Canton de Vaux dans des chalets d'alpage suivant une recette traditionnelle. Selon cette recette, le lait cru est chauffé sur un feu ouvert jusqu'à 55° C dans des cuves en cuivre. Ce lait entier de qualité déborde des arômes de la flore de l'alpage. L'Etivaz a un goût prononcé d'herbe fine et de fruit avec de légères touches de noisette. Ce fromage n'est produit qu'en quantité limitée entre mai et octobre. Les vaches doivent paître en cette période à l'alpage entre 1000 et 2000 mètres d'altitude. Une Corsendonk et un morceau de L'Etivaz, on se mettrait à jodler pour moins que ça.

Accord

Des herbes délicates, tant dans la bière que dans le lait cru des Alpes dont L'Etivaz est fait.

CUVÉE DES TROLLS

À l'origine, c'était une petite bière destinée aux étudiants. La Brasserie Dubuisson avait une microbrasserie/taverne à Louvain-la-Neuve où la bière blonde des trolls coulait à flot des robinets. Mais, petit à petit, cette bière a aussi convaincu pas mal d'autres amateurs de bière et elle constitue déjà aujourd'hui la moitié du chiffre d'affaires de la brasserie. C'est en fait une bière de soif très goûteuse, et l'image des trolls et des gadgets qui tournent autour la rend encore plus sympa.

Dégustation

- **Provenance :** *Brasserie Dubuisson, Pipaix.*
- **Bouteille :** *25 cl avec capsule et 75 cl avec bouchon.*
- **Teneur en alcool :** *7 % vol.*
- **Aspect :** *blond doré avec mousse fine et grosses bulles, un beau pétillement.*
- **Arôme :** *un peu de fruit exotique sensuel.*
- **Goût et longueur en bouche :** *légère, ronde, fruitée et douce amertume. Une bière un peu unidimensionnelle et pas trop difficile, mais délicieusement gouleyante avec beaucoup de goût. Longueur en bouche brève.*

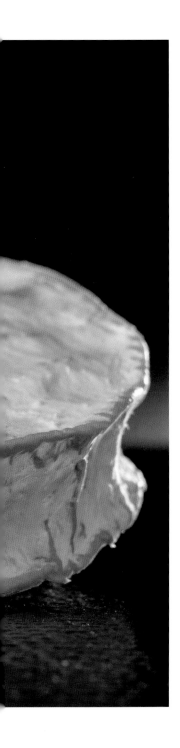

Feuille de Dreux

Le Feuille de Dreux doit son nom à la ville de Dreux, à quelque 80 km au nord de Paris. La feuille de châtaignier sert à empêcher les fromages de coller l'un à l'autre lorsqu'on les superpose. À l'origine, ce fromage servait d'encas aux ouvriers agricoles qui travaillaient dans cette région céréalière. Le Feuille de Dreux de la fromagerie Delaunay pèse environ 400 g et, après quelques semaines d'affinage, prend une teinte légèrement brunâtre. Il est fait au lait de vache pasteurisé. Son goût fruité et plein de caractère convient parfaitement à une Cuvée des Trolls bien fraîche !

Accord

On retrouve le fruité tant dans la bière que dans le fromage ! Avec aussi un peu de sécheresse. D'une manière ou d'une autre, ils se conviennent bien. Il ne faut pas toujours tout expliquer, parfois cela va de soi.

DAME JEANNE BRUT D'ANVERS

La Dame Jeanne est la bière champagne anversoise. C'est une initiative de Patrick Theunissen qui a gagné de nombreux prix avec elle, entre autres celui de la meilleure bière brut du monde au Brussels Beer Challenge. Il la fait brasser aux Brasseries Den Triest et Anders, la maturation et l'embouteillage se faisant au Perron Noord à Brasschaat. À l'origine, Patrick vivait dans le quartier Den Dam à Anvers, d'où le nom de « Dame Jeanne ». Une bière particulièrement gastronomique, délicieuse sur des huîtres, par exemple.

Dégustation

- *Provenance : Brasserie Den Triest/Kapelle-op-den-Bos, Brasserie Anders, Halen.*
- *Bouteille : champagne verte 75 cl avec bouchon.*
- *Teneur en alcool : 9 % vol.*
- *Aspect : entre le blond et l'ambre léger, un peu brumeux et belle mousse blanche et fine collant à la paroi du verre.*
- *Arôme : un nez très frais avec surtout une amertume relevée (plutôt de myrte que de houblon) et une légère acidité, surtout de l'acide lactique doux.*
- *Goût et longueur en bouche : en bouche, la bière se révèle tant ronde et douce que sèche et amère.*

Saint-Nicolas de la Dalmerie

Le monastère Saint-Nicolas se trouve dans la région Languedoc-Roussillon. Le petit village de Joncels où ses moines orthodoxes mènent une vie tranquille se trouve à 85 km de Montpellier. Les moines de ce monastère vivent du rapport de leurs chèvres. Leurs petits chèvres qui pèsent 110 g ont des touches de thym et de romarin. Et surtout lors de la période de la floraison de la lavande, le goût de celle-ci est clairement présent dans ce petit fromage de chèvre très frais.

Le Saint-Nicolas de la Dalmerie est un petit fromage unique et exclusif avec une production très limitée. Aux halles parisiennes de Rungis, il faut littéralement se battre pour en obtenir une caissette.

Accord

De nouveau un fromage de chèvre ludique qui fait bien son boulot avec une délicieuse bière brut et fine comme la Dame Jeanne.

DE BRABANDERE 1894 OAK & HOPS

À l'occasion du 120e anniversaire de la Brasserie De Brabander, on a essayé d'y concilier l'inconciliable : une bière mûrie sur chêne et des houblons supplémentaires. L'acidité et l'amertume, ces deux éléments ne se combattent-ils pas ? C'est pourtant une réussite, dont le résultat peut être qualifié de bluffant. La base de la bière est une *tripel hopped* Petrus, coupée avec une bière de foudre acide mûrie deux ans. Grâce aux beaux houblons aromatiques et au temps qui fait son œuvre, on obtient une bière peu commune, un apéritif idéal. Et l'emballage vaut aussi la peine, cette bouteille a gagné le *Sparflex Award* en 2014.

Dégustation

- *Provenance :* Brasserie De Brabandere, Bavikhove.
- *Bouteille :* prosecco 75 cl avec impression dorée et bouchon.
- *Teneur en alcool :* 8 % vol.
- *Aspect :* blond doré, limpide, perlé fin, belle mousse blanche et fine collant à la paroi du verre.
- *Arôme :* assez fermé, c'est seulement après la valse que cette 1894 livre ses secrets. On sent seulement de l'amertume et des touches fumées et charnues.
- *Goût et longueur en bouche :* la première impression est légèrement sucrée, mais très vite s'imposent ensuite des tonalités très amères et aussi acides. La bière est peu complexe, sans détour. La longueur en bouche est sèche et s'écoule, une légère acidité persiste.

Arrigoni Lucifero

Le Lucifero est un fromage à moisissure bleue caractérisé par l'ajout de piment chili. Cela donne un beau jeu entre le sucré du fromage et le piquant du chili. Ce gorgonzola piquant est produit toute l'année en Lombardie. Le Lucifero est parfait pour être travaillé en pâte ou sur toast à l'apéritif. Nous allons donc déglacer cet Arrigoni Lucifero avec une 1894 Oak & Hops.

Accord

Ce pourrait bien être l'apéritif de l'année : un petit toast au Lucifero avec cette 1894 sans détour mais tellement rafraîchissante. On s'imagine bien sur une petite terrasse romaine avec cette belle bouteille type Prosecco.

DELVAUX SPÉCIALE BLONDE

Après avoir pris sa retraite, le Professeur Delvaux de Louvain n'a pas eu l'intention de rester les bras croisés. Il a acheté les bâtiments en ruines de la Brasserie De Kroon à Neerijse et les a restaurés entièrement, y compris une salle de brassage flambant neuve où, avec ses fils Filip et Peter, il brasse à cœur joie ses propres bière. D'où la Spéciale Blonde Delvaux, peut-être bien sa meilleure bière. Faites un tour à vélo dans les collines environnant Louvain et rendez-vous ensuite dans son sympathique local de dégustation au cœur de Neerijse.

Dégustation

- **Provenance :** *Brasserie De Kroon, Neerijse.*
- **Bouteille :** *75 cl avec capsule.*
- **Teneur en alcool :** *8,5 % vol.*
- **Aspect :** *d'un beau blond voilé, mousse riche et blanche.*
- **Arôme :** *floral, agrumes.*
- **Goût et longueur en bouche :** *pleine en bouche, un bouquet fruité complexe et de sublimes touches tropicales.*

Texelse Oude Schapenkaas

L'île de Texel est célèbre pour ses innombrables moutons qui paissent dans de superbes prairies. À Texel, l'île aux moutons, on fait du fromage de brebis depuis plus de 400 ans. En 1567 déjà, l'écrivain italien Ludovico Guicciardini en chantait les mérites. À la fromagerie Wezenspyk, on fabrique encore du véritable fromage fermier. Le lait de brebis frais est directement traité dans la cuve à fromage. La fromagerie d'Anton Witte est située à Wezenspyk et travaille depuis 1981 selon une ancienne recette utilisée à Texel depuis déjà 400 ans. Un fromage délicieux avec une Spéciale Blonde Delvaux.

Accord

Le lait des brebis de Texel fournit un fromage très particulier : d'un goût très plein, affiné pendant quinze mois avec beaucoup de cristaux de sel. La bière pleine en bouche valse à travers le fromage, un délicieux accord.

DEUS BRUT DES FLANDRES

"Other great beers might approach but no beer can match the delicacy of a Deus" a dit feu Michael Jackson lorsqu'il a pour la première fois goûté cette bière. La famille Bosteels a longuement travaillé à cette bière qu'elle appelle « une boisson divine à base d'orge ». Comme un champagne, elle apparaît pleine de bulles et de couleur blonde… mais avec en plus une solide mousse. La Deus – toujours la servir fraîche et dans un seau à glace – est tant un superbe apéritif qu'un digestif, et se laisse très volontiers combiner avec des mets, des huîtres par exemple. Une merveille !

Dégustation

- **Provenance :** *Brasserie Bosteels, Buggenhout.*
- **Bouteille :** *75 cl avec bouchon.*
- **Teneur en alcool :** *12 % vol.*
- **Aspect :** *blond avec un voile de vert, pétillant, mousseux.*
- **Arôme :** *très complexe et relevé avec des évocations de thym, de gingembre, de menthe, de citronnelle et bien plus encore.*
- **Goût et longueur en bouche :** *les mêmes touches d'épices se retrouvent, complétées par le léger sucré de l'alcool, la forte saturation en gaz carbonique qui titille la langue et le palais et rend la bière fine et fraîche. La longueur en bouche est persistante, intense et rafraîchissante.*

Figou

Le Figou est un fromage frais au lait cru de chèvre. Il a la forme d'une grande figue blanche. Dans le cœur du Figou se cache de la confiture de figue. C'est une création de Ghislaine Dupic, fromagère à Limoges. La Fromagerie de la Ribière se trouve à Saint-Jouvent dans le Limousin. Le Figou est aussi fabriqué dans d'autres régions de France, entre autres dans le Tarn et dans les Alpes de Haute-Provence. Notre préférence va à celui de la Fromagerie de la Ribière. Un superbe fromage de dessert avec une touche exotique de confiture de figues et une Deus des Flandres. Une sublime combinaison.

Accord

Avec la Deus, ce petit fromage de chèvre du Limousin aux figues sucrées se sent comme un poisson dans l'eau. Ce pourrait être un dessert idéal. Une bière de pas tous les jours pour un fromage itou.

DUVEL TRIPEL HOP EQUINOX

Chaque année, Duvel sort une version *tripel hopped* avec toujours différentes sortes de houblon. La dernière version contenait de l'Equinox, un houblon américain avec des traits sauvages. Celui-ci est utilisé pour le houblonnage à cru. Les deux autres houblons sont le Styrian Goldings et le Saaz. Le résultat est une bière au goût d'agrume très prononcé, sentant et goûtant le houblon vert. C'est déjà la sixième Duvel Tripel Hop, et on ne réalise pas toujours quelle bonne influence peut avoir cette action sur l'utilisation générale du houblon, qui est clairement en hausse chez nos brasseurs. Et on ne peut que s'en réjouir.

Dégustation

- *Provenance : Brasserie Duvel-Moortgat, Breendonk.*
- *Bouteille : 33 cl avec capsule.*
- *Teneur en alcool : 9,5 % vol.*
- *Aspect : blond pâle avec une mousse un peu moins épaisse que celle de la Duvel habituelle.*
- *Arôme : fruité, du citron et du pamplemousse, avec un soupçon de poivre.*
- *Goût et longueur en bouche : un goût d'agrume, avec quand même une grande plénitude en bouche et une longueur en bouche très sèche.*

Banon

Banon est une petite localité des Alpes-de-Haute-Provence. Le petit fromage de chèvre qui porte le même nom est toujours emballé dans une feuille brune de châtaigner. Les feuilles de châtaignier sont stérilisées en les faisant cuire dans de l'eau vinaigrée. Le petit fromage de 100 g est plongé dans une eau-de-vie et ensuite emballé dans ces feuilles de châtaigner. Grâce à l'apport d'alcool, les moisissures indésirables sont éliminées. Les fromages de la fromagerie de Banon sont toujours faits avec du lait frais cru.
Une Duvel Tripel Hop ne peut que s'entendre avec ce délicieux fromage provençal.

Accord

Avec ce petit fromage de chèvre onctueux et frais, les tonalités tranchantes de la Duvel Tripel Hop disparaissent. Et celle-ci n'en devient que meilleure.

FLOREFFE TRIPLE

Depuis trente ans déjà, la famille Lefebvre de Quenast collabore avec l'abbaye de Floreffe. La gamme est constituée de quatre bières : double, triple, Prima Melior et Blonde.

La Floreffe Triple, qui est aujourd'hui proposée, comme les autres Floreffe, dans une jolie bouteille à étrier, joue bien son jeu dans le segment des triples d'abbaye.

Dégustation

- *Provenance : Brasserie Lefebvre, Quenast.*
- *Bouteille : 33 cl avec étrier et 75 cl avec bouchon.*
- *Teneur en alcool : 7,5 % vol.*
- *Aspect : blond doré, trouble, la bière est couronnée d'un abondant col de mousse blanche.*
- *Arôme : de la levure en combinaison avec une légère acidité, ce qui donne à l'ensemble une touche de fraîcheur.*
- *Goût et longueur en bouche : plein en bouche et cependant plus astringent que rond, ce qui vient de la levure (yeastbite). La bière se laisse boire très facilement et sa longueur en bouche est brève, seules demeurent des impressions de levure.*

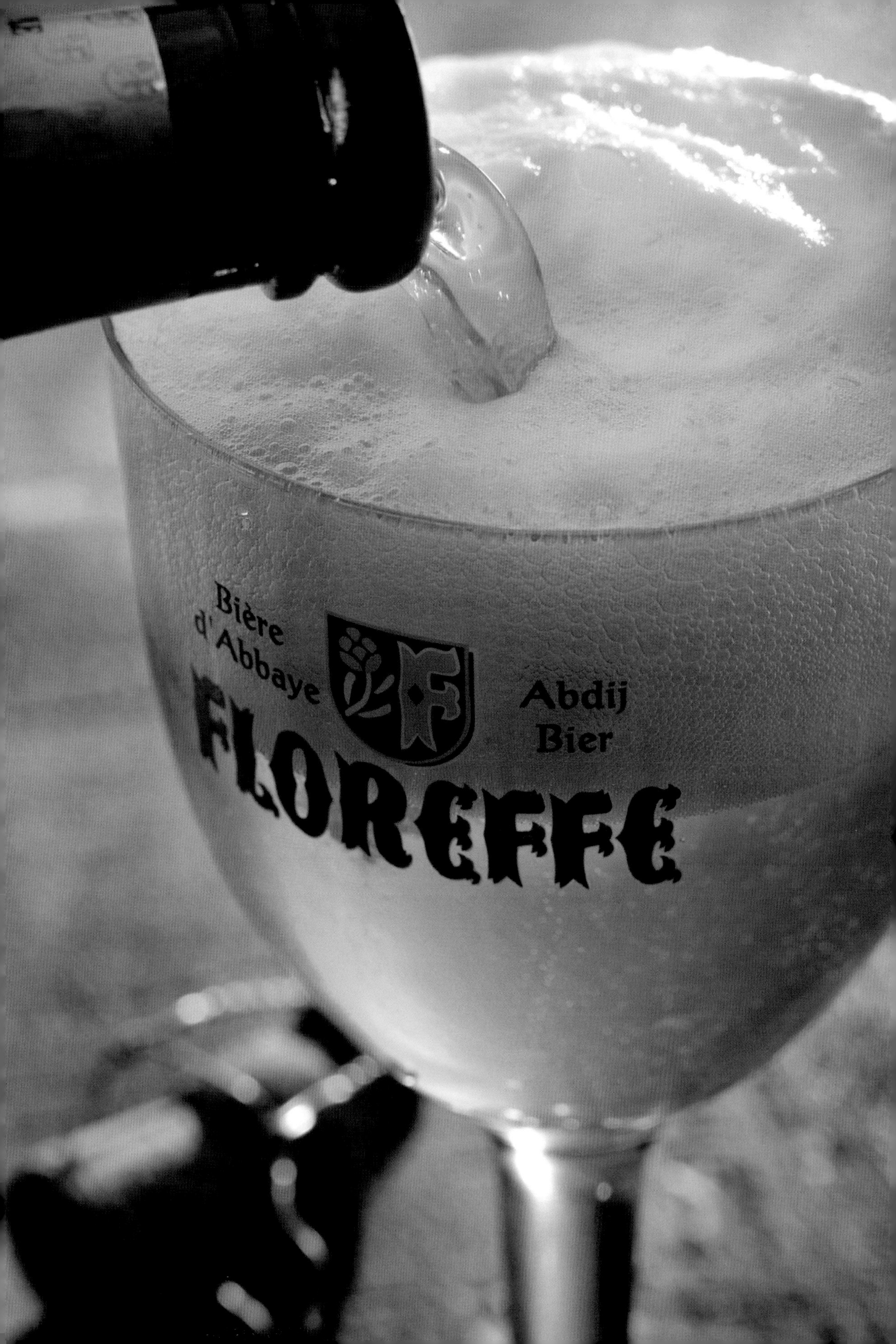
Bière
d'Abbaye
FLOREFFE
Abdij
Bier

Saint-Nectaire

Un vrai grand classique d'Auvergne. Les meilleurs Saint-Nectaire fermiers sont faits au lait cru. Ces fromages mûrissent ensuite dans une cave d'affinage à une température autour des 10 °C. Les fromages y séjournent de 6 à 8 semaines sur de la paille de seigle, dans une humidité ambiante de 90 à 95 %. Sur les pâturages de cette région d'Auvergne, les vaches Salers broutent des fines herbes, des fleurs et de l'herbe sauvage. Leur lait très riche conduit à un goût complexe, avec une odeur de cave humide. Le Saint-Nectaire de fabrication « coopérative ou industrielle » n'a pas du tout ces atouts et a un goût totalement différent. Lorsque vous ouvrez une Floreffe Triple, recherchez surtout un fromage fermier qui se reconnaît à son étiquette ovale et verte à la caséine qui doit se trouver sur chaque fromage. Profitez de ce beau fromage avec une bière très fine comme la Floreffe Triple.

Accord

Cette triple fermentée manque un peu de fruit et convient donc très bien à ce délicieux Saint-Nectaire au lait très riche et mûri sur paille. C'est tout ce qu'on demande.

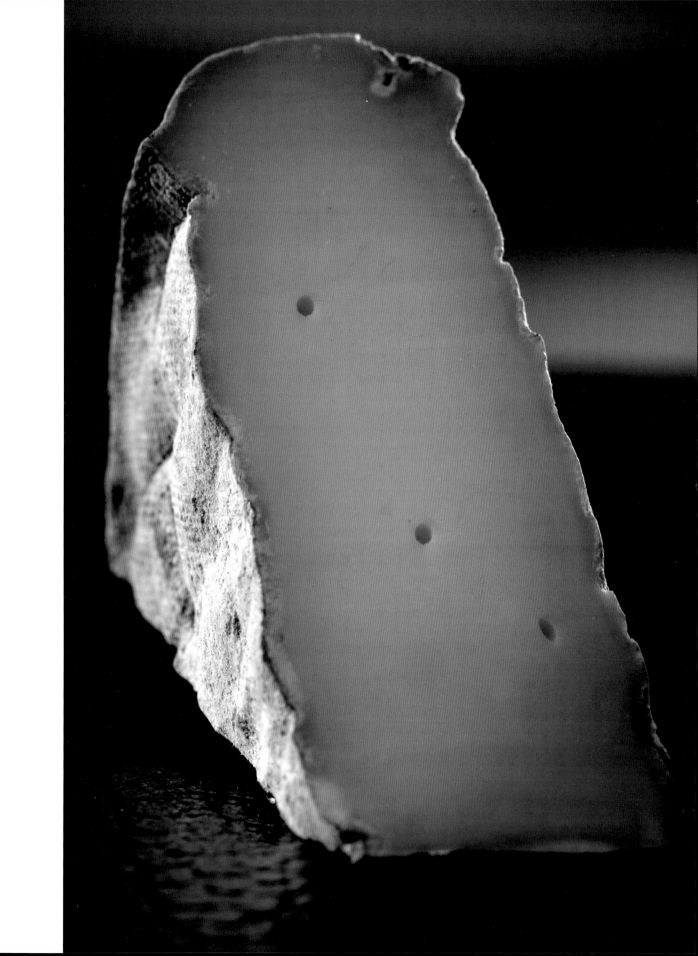

GENTSE STROP

La Brasserie Roman (dont Louis Roman nous a récemment quittés à l'âge de 80 ans) a créé cette blonde il y a quelques années avec certainement pour source d'inspiration les Fêtes Gantoises. En 1540, les habitants de Gand se sont rebellés contre Charles-Quint, mais cette révolte a été écrasée et, pour leur punition, les Gantois ont dû traverser la ville les pieds nus et une corde (strop) au cou. Aujourd'hui encore, on appelle les Gantois des « stroppen », impossible de trouver un nom plus gantois pour cette bière.

Dégustation

- *Provenance : Brasserie Roman, Audenarde.*
- *Bouteille : 33 cl avec capsule et 75 cl avec bouchon.*
- *Teneur en alcool : 6,9 % vol.*
- *Aspect : couleur de pils, très claire bien que refermentée en bouteille. Col de mousse fin et collant à la paroi du verre.*
- *Arôme : assez retenu, se dégagent pourtant de légères touches de houblon, en fait du houblon floral.*
- *Goût et longueur en bouche : le houblon joue le rôle principal dans cette bière, elle est très sèche et gouleyante.*

Le Charpeau

C'est pendant un circuit en France avec mon fils Frédéric que notre fromager Yves Combes, qui est l'un de ceux qui font les meilleurs roqueforts, nous a conseillé de nous rendre à la Ferme de Peyret. Cela valait en effet le détour. Cette ferme du Tarn-et-Garonne compte quelque 500 chèvres. La famille Serre, le père et la fille, produit une vaste gamme de fromages de chèvre artisanaux au lait cru. Le Charpeau est saupoudré de cendre de charbon de bois salée. Après 3 à 4 semaines dans nos chambres de maturation, le petit fromage est joliment onctueux. Nous importons ces fromages en exclusivité pour le Benelux.

Accord

Belle influence mutuelle des saveurs. Le fromage est crémeux et a de la fraîcheur à revendre. Et la bière houblonnée le coupe joliment.

GOLIATH TRIPLE

À l'origine, cette bière s'appelait « Gouyasse », un surnom wallon de Goliath. C'est un géant, un des géants qui sortent lors du cortège annuel de la Ducasse à Ath, en province du Hainaut. La bière est brassée dans la localité voisine d'Irchonwelz, par la Brasserie des Légendes.

Pierre Delcoigne et Vinciane Wergifosse sont un couple qui a démarré cette brasserie dans une jolie ferme-château. Ils ont aussi une brasserie à Ellezelles, connue pour « La Quintine » et « Hercule ».

Dégustation

- **Provenance :** *Brasserie des Légendes, Irchonwelz.*
- **Bouteille :** *33 cl avec capsule et 75 cl avec bouchon.*
- **Teneur en alcool :** *9 % vol.*
- **Aspect :** *blond et voilé, belle mousse blanche et fine, stable et collant à la paroi du verre.*
- **Arôme :** *du houblon qui, outre l'amertume, donne des impressions d'agrumes et de pamplemousse.*
- **Goût et longueur en bouche :** *une bombe gustative avec du houblon et du malt en équilibre. Lorsqu'on l'avale, la langue et le palais s'assèchent et l'amertume s'accroche encore un petit temps.*

Cathare

Le Cathare est un fromage de chèvre du département de Haute-Garonne en région Midi-Pyrénées. Ce fromage d'environ 200 g est étonnant car sa face supérieure est décorée avec une petite couche de cendre dans laquelle est dessinée une croix cathare. Il vient de la ferme de Cabriole et est fait de lait cru entier des Pyrénées. Ce fromage de chèvre original est à son apogée après un affinage de 2 à 3 semaines et s'accommode volontiers d'une robuste Goliath Triple.

Accord

Cette triple discrète mais quand même délicieusement pleine en bouche s'accorde avec un fromage sec mais cependant un peu moelleux, il a suffisamment de caractère pour se mesurer au géant.

GRIMBERGEN DOUBLE

Grimbergen est le nom de l'abbaye norbertine de la localité éponyme au nord de Bruxelles. Depuis 1958, c'est aussi une bière. La première a été la double, encore une de mes bières foncées d'abbaye favorites. Sur l'étiquette, on voit le phœnix et la mention "ardet nec consumitur", le phœnix renaîtra toujours de ses cendres. Car l'abbaye a été dévastée quatre fois et a toujours été reconstruite. Grimbergen est une marque forte dans le monde des bières d'abbaye, grâce à la grande distribution qui la soutient. La marque fait partie du groupe Carlsberg mais elle est toujours brassée et distribuée en Belgique par Alken-Maes.

Dégustation

- *Provenance :* Brasserie d'Alken.
- *Bouteille :* 33 cl avec capsule et 75 cl avec bouchon.
- *Teneur en alcool :* 6,5 % vol.
- *Aspect :* brun rouge limpide avec un col de mousse légèrement brunâtre.
- *Arôme :* assez sucré (du caramel) mais aussi pas mal d'épices : réglisse, café et chocolat.
- *Goût et longueur en bouche :* sucré et relevé, mais sur la fin la bière prend une belle acidité ce qui lui donne son équilibre.

Cru des Fagnes

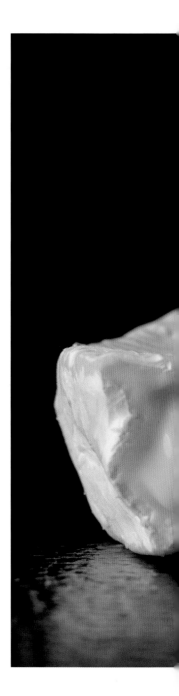

Ce fromage du type Brie de Meaux est produit à la Fromagerie des Ardennes à Werbomont. Le Cru des Fagnes est fait au lait cru et biologique de la région. Il pèse environ 800 g et mûrit dans nos caves environ quatre semaines pour développer à cœur sa plénitude et son entière onctuosité. Ce fromage a remporté le « Coq de Cristal » à la Foire agricole de Libramont en 2004 et a été élu fromage wallon de l'année au château de Harzé. Je pense que les moines de Grimbergen prendront beaucoup de plaisir avec un Cru des Fagnes sur leur Grimbergen Double.

Accord

Cette « creamy double » fait merveille avec ce très doux Cru des Fagnes, il ne faut pas trop réfléchir, on en redemande.

KASTEEL HOPPY

Devant l'importance du renouveau de l'intérêt pour les bières houblonnées, la Brasserie Van Honsebrouck ne pouvait être en reste. Dans sa gamme de Bières du Château, elle a développé une Kasteel Hoppy avec houblonnage à cru qui associe deux styles de bière : une « spéciale belge » et une « india pale ale ». C'est une bière gouleyante dans laquelle dominent les arômes de houblon et d'épices. Malgré son EBU élevé de 45, ce n'est pourtant pas une bombe houblonnée mais plutôt une bière finement équilibrée.

Dégustation

Origine : Brasserie Van Honsebrouck, Ingelmunster/Izegem.
Bouteille : 33 cl avec capsule.
Teneur en alcool : 6,5 % vol.
Aspect : blond doré, limpidité brillante, perlé discret, mousse blanche et fine.
Arôme : plutôt retenu.
Goût et longueur en bouche : les épices et le houblon dominent, une bière plutôt unidimensionnelle mais qui désaltère délicieusement. Longueur en bouche persistante.

Greendal
(nouveau nom du Groenentaler)

Le fait que la fromagerie 't Groendal à Rumbeke fait d'excellents fromages explique pourquoi, après l'Old Groendal et le Poperingse Keikop, le Greendal a été aussi retenu pour ce livre. Le Greendal est du type Gouda mais avec des trous dans la pâte. Ce fromage fermier à grands trous est de la famille Emmental. Au lait de ferme pasteurisé sont ajoutés un coagulant végétal, des bactéries d'acide lactique et des bactéries propioniques. Ce sont ces dernières qui créent de grands trous dans la pâte jaune pâle de ce fromage mi-dur. À la différence des fromages à grands trous traditionnels, il profite d'un long affinement à basse température. Le Greendal mûrit donc tranquillement à une température de 10 °C. Le goût est plein, moyennement doux avec une saveur de noix salées. La Kasteel Hoppy est très heureuse de se trouver en compagnie d'un délicieux morceau de Greendal.

Accord

Tant la bière que le fromage sont frais et amusants, il ne faut pas trop réfléchir à cette combinaison évidente de deux produits de qualité de Flandre occidentale.

KASTEEL TRIGNAC

Que se passe-t-il lorsque l'on fait mûrir la Kasteel Triple dans des tonneaux de cognac ? On obtient alors une Tri-gnac, une trouvaille originale s'il en est. Xavier Van Honsebrouck, qui va faire sa joyeuse entrée dans sa brasserie flambant neuve d'Emelgem en 2016, est un homme qui aime faire des expériences. Les bières mûries sur bois sont aujourd'hui à la mode ! Cette bière mérite d'y être, la triple prend une autre dimension par sa décantation sur bois.

Dégustation

- **Provenance** : *Brasserie Van Honsebrouck, Ingelmunster.*
- **Bouteille** : *75 cl avec bouchon.*
- **Teneur en alcool** : *12 % vol.*
- **Aspect** : *vieil or tendant vers le cuivré, voilé, mousse blanche, fine et stable.*
- **Arôme** : *sensuel ! On sent l'alcool de loin, mais aussi phénolique (des alcools supérieurs) et un soupçon de Poire William.*
- **Goût et longueur en bouche** : *le goût est très intense, l'alcool et le sucre dominent, l'amertume est peu perceptible. Pourtant la longueur en bouche est sèche et donne l'impression de l'un ou l'autre distillat.*

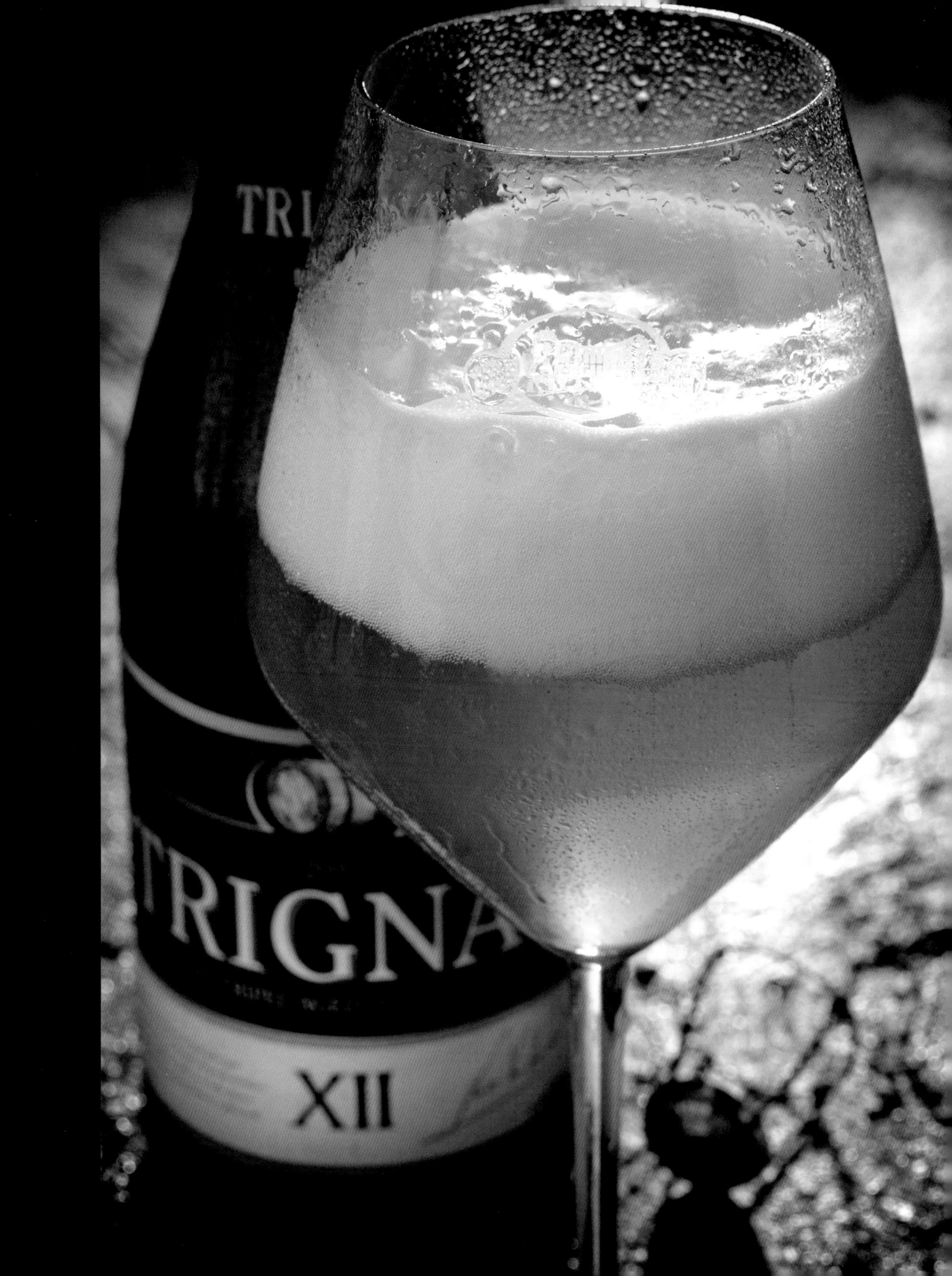
TRI
TRIGNA
XII

Époisses Gaugry

Monsieur Berthaut a recommencé en 1954 à produire ce fromage très apprécié en Bourgogne. Bien que ce fromage à croûté lavée ait été très populaire dans la région au début du XXe siècle, sa production n'avait pas survécu à la Deuxième Guerre mondiale. La croûte est lavée au Marc de Bourgogne et est en soi un délice qu'il faut manger avec le fromage. Le goût de celui-ci est prononcé, avec une touche sucrée. Non mûri, le fromage a une texture crayeuse qui devient ensuite moelleuse. Plus long est l'affinage, plus le fromage devient relevé. L'Époisses Gaugry est un fromage au lait cru et a un goût plus fort que les Époisses au lait pasteurisé qui sont produits à la fromagerie Berthaut. La Kasteel Trignac pleine et riche et l'Époisses Gaugry bourguignon forment un couple parfait.

Accord

L'Époisses Gaugry a TOUT pour lui. C'est une bombe gustative de sel et de produit laitier. Le Marc de Bourgogne dans le fromage et les touches de Cognac dans la bière… une combinaison exceptionnelle.

KWAREMONT

Cette « bière du coureur cycliste» a vu le jour il y a quelques années. La Brasserie De Brabandere a brassé une bière, blond doré et accessible, évoquant les légendaires « flandriennes ». Et elle fait de son mieux pour qu'elle soit aussi servie tout au long du parcours des classiques du printemps.

Dégustation

- **Provenance** : *Brasserie De Brabandere, Bavikhove.*
- **Bouteille** : *33 cl avec capsule et 75 cl avec bouchon.*
- **Teneur en alcool** : *6,6 % vol.*
- **Aspect** : *blond doré et limpidité brillante, mousse blanche et fine.*
- **Arôme** : *un peu d'odeur de pils en combinaison avec le sucré de l'alcool.*
- **Goût et longueur en bouche** : *le sucré domine, avec une touche d'acide butyrique. Longueur en bouche modeste.*

Rouelle Cendrée

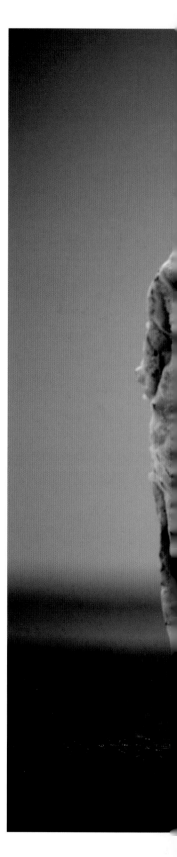

Ce fromage de chèvre doux vient de la région du Tarn. Il est fait au lait cru et sa croûte est poudrée de charbon de bois salé. Nous faisons mûrir les petits fromages frais de trois à quatre semaines dans notre cave spéciale d'affinage. La Rouelle devient alors douce et crémeuse. Pour les gens qui n'apprécient pas trop le fromage de chèvre, ce fromage élégant est une entrée en matière idéale. La Rouelle cendrée est l'un des nombreux fromages de chèvre produits dans la célèbre fromagerie Le Pic, à Penne en France. Essayez-la avec une Kwaremont bien fraîche. C'est super !

Accord

Cette bière de cyclistes est clairement faite pour la soif et demande un fromage pas trop complexe. Avec ses tonalités fraîches, la Rouelle est la réponse idéale.

LA GUILLOTINE

Cette bière a été brassée pour la première fois par Huyghe à l'occasion du deux centième anniversaire de la révolution française où pas mal de têtes éminentes ont roulé sous la guillotine. Au départ, cette bière n'était pas si houblonnée, mais cela a changé ces dernière années. C'est maintenant une alternative valable, houblonnée, à la Delirium Tremens un peu plus sucrée. Ces deux bières blondes ont un grand succès à l'exportation.

Dégustation

- *Provenance : Brasserie Huyghe, Melle.*
- *Bouteille : 33 cl, peinte en gris avec capsule.*
- *Teneur en alcool : 8,5 % vol.*
- *Aspect : vieil or, limpidité brillante, peu de perlé et pourtant un col de mousse abondant.*
- *Arôme : une fraîche amertume avec des touches d'agrumes et de menthe, complétées par des tonalités légèrement métalliques.*
- *Goût et longueur en bouche : finement houblonné. Une bière de dégustation avec une grande plénitude en bouche et une longueur en bouche plutôt brève.*

Trou du Cru Gaugry

Le Trou du Cru est une petite déclinaison de l'Époisses. C'est un petit fromage relevé qui lors de la maturation est lavé au Marc de Bourgogne. La fromagerie Gaugry existe depuis 1946 et est située à Brochon, en Côte d'Or, en plein cœur de la Bourgogne.

Ce petit fromage piquant est emballé dans de petites boites en bois et pèse 70 g. L'Époisses et le Trou du Cru sont heureusement faits avec du lait cru. La bière La Guillotine coupe le goût richement aromatique de ce puissant petit fromage.

Accord

Le couteau houblonné de la guillotine qui tranche ce « petit Époisses » riche et crémeux. Difficile de faire une combinaison plus française !

LEFFE TRIPLE

La Leffe Triple est l'une des Leffe les plus sous-estimées qui soient. Personnellement, je trouve que c'est la meilleure de la gamme, qui compte douze bières aujourd'hui ! C'est naturellement la seule de la gamme qui soit refermentée en bouteille, et cela fait toute la différence. Les Triples, avec leurs esters fruités, assurent toujours un feu d'artifice avec des fromages puissants, il est vrai qu'elles sont faites pour ça. Découvrez cette bière moins connue, elle vous étonnera. Et on la trouve dans tous les supermarchés !

Dégustation

- *Provenance : Brasserie de Kluis, Hoegaarden (car la refermentation ne se fait pas dans les cuves de brassage de Louvain).*
- *Bouteille : 33 cl avec capsule.*
- *Teneur en alcool : 8,5% vol.*
- *Aspect : couleur pêche, belle mousse blanche collant à la paroi du verre.*
- *Arôme : de la banane, de la rhubarbe et une légère touche d'agrume.*
- *Goût et longueur en bouche : le fruité se retrouve dans le goût, une bière assez sensuelle avec un corps de velours et une longueur en bouche relevée.*

Brin d'Amour

Le Brin d'amour est un fromage de brebis venu de la rude et superbe île de Corse à 170 km de la Côte d'Azur et à environ 83 km de la Côte italienne, direction Piombino. Ce fromage de brebis artisanal est aussi vendu sous le nom de Fleur de Maquis. À l'extérieur, le Brin d'amour est enrobé d'herbes du maquis que l'on trouve sur l'île. Lorsque le fromage frais sort du moule, on ajoute à la croûte du romarin, du thym, de la coriandre, des baies de genévrier et des petits piments chili. Avec ces épices tout autour, on obtient après un affinage de huit semaines dans notre mûrissoir un fromage de brebis à la structure fine, gorgé d'arômes uniques, avec lequel une Leffe Triple refermentée en bouteille se défend totalement.

Accord

Les touches de clou de girofle, caractéristiques des Leffe, demandent un petit fromage relevé. Le Brin d'amour, avec son goût typique de maquis corse, rend la bière encore meilleure. Dommage que la bouteille soit aussi vite vide.

LINDEMANS CUVÉE RENÉ

"Crafted by wind, brewed through generations" est le slogan puissant qu'utilise déjà depuis un certain temps la Brasserie Lindemans. Aujourd'hui, c'est la sixième génération qui est au gouvernail en la personne de Geert et Dirk Lindemans. En plus des bières fruitées renommées (la Kriek Lindemans est LA référence pour toutes les krieks), ils brassent aussi une vieille gueuze et une vieille kriek labellisée Cuvée René, en l'honneur de René Lindemans. Une belle entreprise qui a encore récemment investi quinze millions d'euros de nouvelles installations.

Dégustation

- **Provenance :** *Brasserie Lindemans, Vlezenbeek.*
- **Bouteille :** *75 cl avec bouchon.*
- **Teneur en alcool :** *5% vol.*
- **Aspect :** *orange, belle mousse blanche.*
- **Arôme :** *du poivre blanc et du cèdre.*
- **Goût et longueur en bouche :** *légèrement acide et très fruité, avec une longueur en bouche sèche et persistante.*

Bleu des Causses

Il est en fait le petit frère du célèbre Roquefort et est produit en Aveyron et en Lozère. Les fromages mûrissent au minimum trois mois dans des grottes naturelles se trouvant sur le plateau des Causses. La différence est que le Roquefort est toujours fait au lait cru de brebis alors que le Bleu des Causses l'est au lait cru de vache. Les fromages de la période automne-hiver ont une couleur plus blanche. Les fromages de la période printemps-été, lorsque les vaches paissent sur les plateaux de l'herbe fraîche, des herbes aromatiques et des fleurs, sont de meilleure qualité et ont une couleur plus jaune. Ce fromage fortement persillé demande une bière fruitée. La Lindemans Cuvée René dompte ce fromage puissant et artisanal.

Accord

À cause de sa douce acidité, on parle chez Lindemans d'une Oude Gueuze d'entrée de jeu. Le fromage de type Roquefort (mais au lait de vache) est donc moins piquant et forme une association très jolie.

LUPULUS BLONDE

Lorsque Chris Bauweraerts et Pierre Gobron ont vendu leur brasserie à Duvel-Moortgat, ce dernier n'avait pas l'intention de jeter l'éponge. Pierre disposait d'une superbe ferme-château dans le hameau de Courtil, près d'Achouffe.

Il s'y trouvait déjà une microbrasserie « Les 3 Fourquets », que les deux beaux-frères avaient démarrée quelques années auparavant. Pierre a décidé de continuer à y brasser des bières. La Lupulus Blonde en est une, et quelle bière ! Une superbe triple, avec cette petite touche de thym qui fait la différence.

Dégustation

- *Provenance : Brasserie les 3 Fourquets, Courtil.*
- *Bouteille : 75 cl avec capsule.*
- *Teneur en alcool : 8 %vol.*
- *Aspect : blond, légèrement voilé, belle mousse blanche.*
- *Arôme : un nez assez houblonné.*
- *Goût et longueur en bouche : assez complexe, surtout fruité et houblonné. Le soupçon de thym est agréable à découvrir.*

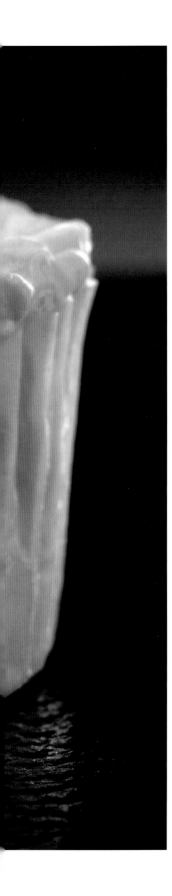

La Tur

La Tur est un petit fromage d'Italie du Nord. Il est fait de lait de vache, de chèvre et de brebis thermisé. Ce mélange de trois laits se fait souvent au Piémont. Autrefois, les fermiers élevaient différents animaux dans leur ferme. Et comme ils n'avaient pas une production de lait suffisante pour faire un fromage, ils ont commencé par nécessité à mélanger les laits. La Tur en est un bel exemple. La délicieuse fraîcheur du lait de chèvre, le crémeux et le butyreux du lait de vache et les tonalités de noix du lait de brebis donnent un fromage élégant, agréable et crémeux. Avec une Lupulus, cela vous donne une véritable sensation en bouche.

Accord

D'abord, il y a le houblon et la crème qui s'apprécient. Mais il y a mieux dans cette association : le fruit et les épices de la bière et le vécu gustatif particulier du mélange de trois fromages… une combinaison très fine qui réjouit longtemps.

MALHEUR 12

Avec cette bière, la Brasserie De Landtsheer a remporté différents prix dont le World Beer Award 2013 pour la meilleure bière foncée. Mais aussi l'argent au Brussels Beer Challenge 2013 et l'argent à la World Beer Cup 2008 et l'or à l'European Beer Star, la même année. C'est une bière exceptionnelle qui s'accorde joliment avec des havanes ou des desserts au chocolat. Michel lui a cependant trouvé un fromage qui lui convient !

Dégustation

- *Provenance : Brasserie De Landtsheer, Buggenhout.*
- *Bouteille : 33 cl avec capsule et 75 cl avec bouchon.*
- *Teneur en alcool : 12 % vol.*
- *Aspect : très foncé avec un col de mousse brun clair collant à la paroi du verre.*
- *Arôme : frais et légèrement amer comme du pain fraîchement coupé. Pas de lourdeur d'alcool.*
- *Goût et longueur en bouche : une amertume acide et maltée, complétée par la douce amertume du houblon, dissimule presque entièrement l'alcool. Goût assez sec, ce qui favorise la gouleyance. Longueur en bouche brève.*

La Peral

La Peral est un fromage bleu pasteurisé fait par un couple de fromagers, Esther Alvarez et son mari Jose Luis Lopez. Leur ferme se trouve dans le petit village éponyme, dans les Asturies espagnoles. C'est un produit laitier jaune paille. Grâce à l'utilisation de moisissures nobles et de ferments spéciaux, le fromage développe son goût persillé spécifique. Pendant sa maturation, le fromage développe plus de moisissures bleues. Élégant au départ, il prend alors un goût complexe et plus prononcé. La Peral convient parfaitement à la Malheur 12.

Accord

Avec cette bière brune exceptionnelle qui n'est pourtant pas sucrée (il faut le faire !), il faut un bleu, mais aussi un bleu qui sorte des sentiers battus. Vous devez le goûter vous-même, ils sont faits l'un pour l'autre.

MARTIN'S IPA

La Martin's Pale Ale est une des rares à avoir survécu à l'ancienne vogue des pale ales (Bass, Withbread, etc.). Elle est connue pour son solide houblonnage. Mais il existe aussi depuis quelques années la Martin's IPA. Tout comme la « simple » Martin's, elle est aussi houblonnée à cru, mais ici l'apport de houblon est encore plus prononcé. Jadis, les ales anglaises étaient envoyées par bateau vers les Indes, une traversée qui durait parfois trois mois. À l'arrivée, les troupes britannique recevaient quand même une bière encore bonne à boire, grâce au houblon qui la maintenait en condition.

Dégustation

- *Origine : Palm Belgian Craft Brewers, pour John Martin.*
- *Bouteille : 33 cl avec capsule et 33 cl avec bouchon.*
- *Teneur en alcool : 6,9 % vol.*
- *Aspect : ambré, limpidité brillante et belle mousse blanche.*
- *Arôme : une forte odeur de houblon.*
- *Goût et longueur en bouche : belle plénitude en bouche, un peu de tonalités acides mais le goût est cependant extrêmement plein et complexe, la longueur en bouche est persistante.*

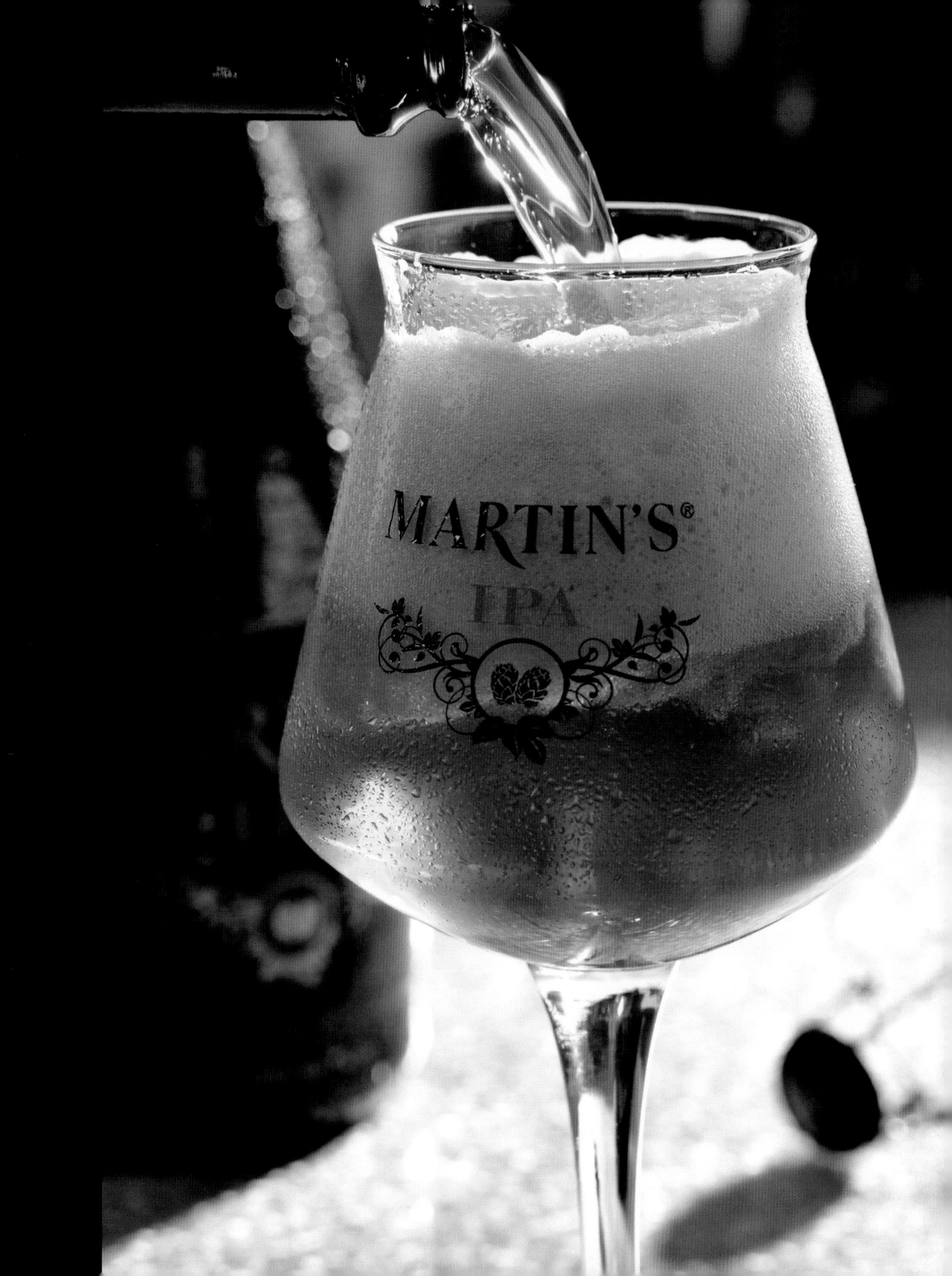
MARTIN'S®
IPA

Gorgonzola Dolce Tosi

C'est un Gorgonzola exceptionnel qui à cause de son affinement onctueux est présenté dans une boîte en bois. Il vient du Nord de l'Italie et est fait avec du lait de vache pasteurisé. Son goût agréablement doux plaît même aux personnes qui apprécient moins les fromages persillés. Une recette strictement inchangée depuis des années permet d'obtenir un beau fromage coulant sans que celui-ci soit trop fort. C'est grâce au crémeux de ce superbe gorgonzola que son association avec la Martin's IPA est parfaite.

Accord

Il fallait oser ce mariage anglo-italien. Le houblonnage à cru avec des houblons anglais assure la sécheresse, mais les petites touches acides font aussi merveille avec ce Gorgonzola sensuel et voluptueux, onctueux comme vous n'en avez jamais mangé.

MONSIEUR ROCK

Dans le petit monde brassicole, tout le monde connaît Jean-Marie Rock, l'ancien maître brasseur d'Orval. Mais partir à la retraite n'a pas signifié pour lui s'arrêter de brasser : la Monsieur Rock est née, une pils selon la vieille école, comme nous l'aimons. Actuellement, Jean-Marie Rock brasse à Londres, mais il a une brasserie en préparation dans la région de Bouillon. C'est de toute façon une bière out of the box qui vous fait très vite oublier les petites pils commerciales...

Dégustation

- *Provenance : Meantime Brewery, Londres.*
- *Bouteille : 33 cl avec capsule.*
- *Teneur en alcool : 6,5 % vol.*
- *Aspect : pâle, presque jaune, avec une mousse blanche et riche.*
- *Arôme : de belles fleurs de houblon, fin et frais.*
- *Goût et longueur en bouche : une pils super-sèche au goût très riche.*

Écume de Wimereux

Ce fromage fin à la croûte fleurie est fait sur la superbe Côte d'Opale, dans le Pas-de-Calais. L'Écume de Wimereux est un fromage double crème au lait cru, avec une teneur en matière grasse de 60%. Tout près de la fromagerie des Frères Bernard se trouve la petite localité de Wierre-Effroy où les frères tiennent aussi des Chambres d'Hôtes. L'endroit idéal pour vous régaler et séjourner agréablement dans ce beau coin de France. La Monsieur Rock avec l'Écume de Wimereux des frères Bernard… Super !

Accord

Une pils très fine demande un fromage très fin. Ce fromage à croûte fleurie est très crémeux et là, la bière sèche convient très bien. Un mariage très élégant.

139

OMMEGANG CHARLES QUINT

Cette bière blonde forte de la Brasserie de Haacht doit son nom au célèbre « Ommegang » qui en juillet de chaque année commémore la joyeuse entrée de Charles Quint sur la Grand-Place de Bruxelles en 1549. C'est un cortège particulièrement impressionnant, avec de très nombreux figurants en tenues authentiques. Ce que l'on peut aussi dire de cette bière, une blonde particulièrement savoureuse, de nouveau un échantillon de l'art du brassage de Karel Vermeiren, gagnant du Michael Jackson Award en 2015.

Dégustation

- *Provenance : Brasserie Haacht, Boortmeerbeek.*
- *Bouteille : 33 cl avec capsule et 75 cl avec bouchon.*
- *Teneur en alcool : 8,5 % vol.*
- *Aspect : blond pâle, et même jaune paille, avec un col de mousse riche et blanc.*
- *Arôme : floral.*
- *Goût et longueur en bouche : relevé et rond avec des touches d'agrume, longueur en bouche sèche et amère.*

Taleggio

Le Taleggio est un des fromages d'Italie les plus anciens et les plus populaires. Ce fromage doux et moelleux vient de Lombardie. La plupart de ces fromages sont faits avec du lait de vache pasteurisé. La maturation se fait dans des caves humides. Les fromages sont à leur apogée après un affinage d'environ dix semaines. Ce fromage riche et élégant se fait volontiers escorter d'une bière de haut niveau. D'où cet accord impérial avec l'Ommegang Charles Quint.

Accord

Cette blonde forte aux délicieuses touches de houblon est stricte et sèche. Avec elle, il faut un fromage un peu plus gras et le Taleggio fait parfaitement l'affaire.

PALJAS BLONDE

Nous avons découvert cette bière à la Côte. Elle est une création d'un entrepreneur ouest-flamand, Mathias Van den Poel, qui avec sa brasserie Henricus développe sous le nom de Paljas une blonde, une brune, une IPA et récemment encore une Saison. Il fait brasser ses bières à la Brasserie Anders de Halen. Mais la Paljas la plus bue reste la blonde, avec son agréable amertume et sa refermentation, cela va de soi. Pour le houblonnage, quatre types de houblon sont utilisés : Magnum, Styrian, Kent et Saaz.

Dégustation

- *Provenance : Brasserie Anders, Halen.*
- *Bouteille : 33 cl avec capsule et 75 cl avec bouchon.*
- *Teneur en alcool : 6 % vol.*
- *Aspect : blond ambré, belle mousse blanche collant à la paroi du verre.*
- *Arôme : fine amertume, fruité.*
- *Goût et longueur en bouche : pleine en bouche, finement houblonnée avec en plus le fruité de la refermentation. Une bière facile à boire pleine de goût.*

Le Petit Fiancé des Pyrénées

Un petit fromage exclusif des Pyrénées ariégeoises. La ferme de la famille Garros se trouve au pied du Col del Fach à une altitude de 600 m. Cette belle ferme où paissent 180 chèvres de la race Alpine est complètement isolée. La ferme voisine la plus proche se trouve à 4 km. Dès son plus jeune âge, Philippe Garros faisait déjà du fromage de chèvre dans sa ferme. Il a reçu à un moment donné l'aide de son épouse Suzanne. Elle fut dans une autre vie chanteuse à l'opéra de Toulouse et a échangé la scène pour une ferme fromagerie. Le Petit Fiancé est un fromage de chèvre coulant, très doux, d'environ 400 g. Il a une texture qui peut se comparer à celle d'un Vacherin Mont d'Or. Tout comme le Cabri Ariégeois, encore une spécialité de la famille Garros, ces brillants petits fromages ne sont produits qu'au printemps, en été et en automne. « Ris donc Paljas », pourrait chanter l'ex-cantatrice sur ce bel accord.

Accord

La bière relevée coupe joliment le fromage coulant doux. C'est certainement une combinaison qui mérite le titre de « ludique ».

PALM HOP SELECT

Lorsqu'il y a quatre ans, Palm Belgian Craft Brewers a commencé l'implantation de ses propres champs de houblon (de la variété Hallertau Mittelfrüh), tout le monde savait que le moment était venu. Avec ce houblon du propre champ on allait brasser une Palm avec plus de houblon et un houblonnage à cru. On l'a d'abord appelée *Hopper* mais son nom a été rapidement changé en Palm Hop Select. Une Palm sèche et un peu plus forte, qui devait faire revenir à Palm pas mal d'amateurs de bière. De nombreux événements sont organisés à l'occasion de la récolte annuelle du houblon à Steenhuffel. Le public peut participer à la cueillette et contribuer à ce qui sera utilisé quelques mois plus tard pour le brassin.
Cette bière est en elle-même une ode au houblon !

Dégustation

- *Provenance : Palm Belgian Craft Brewers, Steenhuffel.*
- *Bouteille : 33 avec capsule et 75 cl avec bouchon.*
- *Teneur en alcool : 6 % vol.*
- *Aspect : blond doré à légèrement ambré, limpidité brillante, col de mousse blanc.*
- *Arôme : houblonné avec des notes florales complétées par des légères touches de caramel typiques des sortes de malt de Palm.*
- *Goût et longueur en bouche : un beau jeu conjugué de malt et de houblon avec pour résultat un goût équilibré. Le caractère d'ale de la Palm classique est conservé, mais par l'utilisation de moins de malt caramélisé, on atteint un beau marlage avec le houblon. La longueur en bouche est propre, ni trop courte ni trop longue, de sorte que la gorgée suivante s'impose !*

Romana

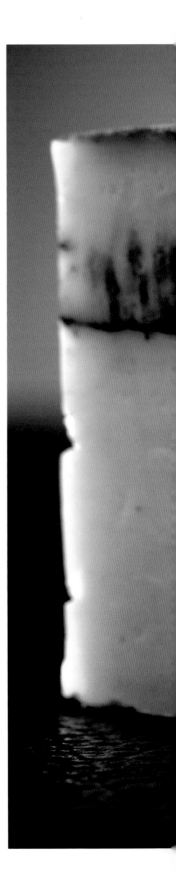

Anne et Viviane font de beaux petits fromages sur le Plateau du Gerny à Aye, dans la province du Luxembourg. Une de leurs créations, faite à la ferme, est le Romana. Pour ce fromage au lait cru de vache, le fromager est allé chercher son inspiration dans le Jura, auprès du Morbier. Contrairement à ce que beaucoup de gens pensent, ce n'est pas un fromage à moisissure bleue. C'est une couche de cendre au milieu, qui au départ servait à séparer le caillé du soir et celui du matin. Vous pouvez le manger jeune, il a alors de fraîches touches acides. Par la maturation, son goût devient plus plein.

Accord

Le houblon jeune a quelque chose de frais et aussi quelque chose d'acide. Ce que l'on retrouve dans le Romana, et c'est ainsi que l'on arrive à un « mariage de fraîcheur ». Et le bel ADN de Palm (les fines touches caramélisées) apporte un bon fond au mariage. Délicieux !

REX

Rex est une bière disparue du village natal de Michel Van Tricht, à savoir Hingene. C'est toujours un nom chargé de réminiscence de guerre, mais cela n'a pas empêché Michel de quand même redonner vie à une marque avec laquelle il a grandi. C'est devenu une bière blonde assez houblonnée qui se marie idéalement avec la plupart des fromages. Ce n'est pas trop mal vu de la part de Michel.

Dégustation

- *Provenance : Brasserie Anders, Halen.*
- *Bouteille : 75 cl avec capsule.*
- *Teneur en alcool : 6,5 % vol.*
- *Aspect : blond pâle, légèrement voilé, belle mousse blanche.*
- *Arôme : bien houblonné, floral et frais.*
- *Goût et longueur en bouche : plein en bouche, fruité et assez sec. Longueur en bouche persistante et sèche. Très rafraîchissante.*

Bio Bleu Belge Chèvre

Ce fromage est un fromage persillé relevé, à base de lait de chèvre cru biologique. Il est fait par la fromagerie coopérative Het Hinkelspel à Sleidinge, en Flandre orientale. Le lait vient d'un certain nombre de fermiers du Westhoek. Le fromage mûrit de 6 à 8 semaines. Ce Bio Bleu Chèvre est de la famille des Bio Bleus produits dans la même fromagerie. La version chèvre est cependant plus crémeuse. La fête commence lorsque vous l'accompagnez d'une Rex. Délicieusement houblonnée !

Accord

Tous les fromages s'accordent bien avec la Rex, et à coup sûr le Bio Bleu Chèvre, cela grâce à son crémeux, idéal à déguster avec une bière houblonnée.

RODENBACH CARACTÈRE ROUGE

Lorsque Rodenbach a demandé au chef étoilé Vicky Geuns ('t Zilte au MAS à Anvers) de participer à la création d'une Rodenbach particulière avec une macération de fruits rouges, il n'a pas dit non. C'est ainsi qu'est née la Caractère Rouge, une Rodenbach Vintage (entièrement issue du meilleur foudre de l'année) dans laquelle ont macéré pendant six mois trois sortes de fruits rouges : des cerises, des framboises et des airelles. Cette bouteille « nue » avec une belle collerette en papier parchemin sur laquelle se trouve tout l'historique nécessaire a remporté le Sparflex Award du meilleur emballage en 2013.

Dégustation

- *Provenance : Brasserie Rodenbach, Roulers.*
- *Bouteille : 75 cl avec bouchon.*
- *Teneur en alcool : 7 % vol.*
- *Aspect : ambre rouge, mousse blanche et fine.*
- *Arôme : vineux avec un nez fruité très complexe de framboise et de cerise complété par des touches de bois et de caramel.*
- *Goût et longueur en bouche : la tonalité sous-jacente contient des arômes de violette, de cuir et de tabac léger. Le goût est plutôt acide, mais d'une particulière pureté. Longueur en bouche persistante et pure.*

Bleu de Termignon

Ce fromage de vache à pâte mi-dure porte le nom du petit village de Termignon, à une altitude de 1.300 mètres dans les Alpes françaises. C'est un fromage bleu artisanal à la production très limitée. Son affinage dure environ cinq mois. Nous avons choisi ce Bleu de Termignon de grand caractère pour cette bière elle aussi de grand caractère, la Rodenbach Caractère Rouge.

Accord

Quelle bière exceptionnelle ! On y découvre tant de saveurs que Michel a dû pas mal chercher pour lui trouver le bon fromage. Le Bleu de Termignon, avec son goût fort et pénétrant, lui convient parfaitement. Il aime l'acidité et les touches de fruits rouges de la bière. Et la bière déglace le fromage comme il faut.

SAISON DUPONT CUVÉE DRY HOPPED 2015

Les bières saison sont connues pour leur couleur blonde et leur richesse en houblon. À l'époque, brassées en hiver, elles devaient tenir jusqu'en été. Elles étaient alors servies pour étancher la soif des ouvriers agricoles des grandes fermes-châteaux hennuyères. Le houblon n'assure pas seulement l'amertume mais a aussi une fonction de conservation. Il maintient la bière en condition. La Brasserie Dupont fait une fois par an une version dry hopped de sa saison, qui est donc encore un peu plus amère. Chaque année, c'est un houblon différent qui est utilisé, cette fois la variété anglaise « Minstrel » Cette bière n'est plus vraiment destinée aux ouvriers agricoles mais bien aux amateurs friands de bières amères d'aujourd'hui.

Dégustation

- *Provenance :* Dupont, Tourpes.
- *Bouteille :* verte 37,5 cl avec bouchon de champagne et muselet.
- *Teneur en alcool :* 6,5 % vol.
- *Aspect :* couleur pêche et assez trouble, mais avec une belle mousse blanche fine et stable collant à la paroi du verre ; le perlé est invisible à cause du trouble.
- *Arôme :* un nez assez fermé, le noyau est surtout constitué d'amertume et de pain au levain.
- *Goût et longueur en bouche :* un goût plein et intense, rond mais pas sucré, le malt et le houblon sont en bel équilibre, une bière de caractère. Une belle et persistante amertume caractérise la longueur en bouche.

Monte Enebro

Le Monte Enebro est un fromage de chèvre artisanal au lait pasteurisé fait par le fromager Rafael Baez et sa fille Pamela. Le moule dans lequel est roulé ce fromage lui transmet de la flore de roquefort. Ce qui donne au Monte Enebro son aspect typique. Il est prêt après un affinage artisanal de 21 jours. Si le fromage devient encore plus vieux, sa texture devient plus épaisse et son goût plus intense. C'est un fromage exclusif, piquant avec un léger goût de moisissure. Il se sent parfaitement à l'aise avec une Saison Dupont Cuvée Dry Hopped.

Accord

Dans une bonne saison, il y a toujours une pointe d'acidité, que l'on retrouve dans le Monte Enebro. En outre, c'est un fromage de chèvre plein de caractère, si bien que le houblonnage à cru est à sa place à ses côtés, car il contribue à la complexité.

ST-FEUILLIEN GRAND CRU

Cette bière est sans nul doute le cheval de bataille de la Brasserie St-Feuillien au Rœulx. C'est une blonde forte faite avec de la levure de champagne et trois houblons. Son aura est très « winey », ont trouvé les membres du jury du *Sparflex Award* qui l'ont élue meilleur emballage de 2012. Mais la bière elle-même est aussi exceptionnelle, lors d'une réception des Chevaliers du Fourquet au château du Rœulx, tout un chacun a terminé avec cette bière divine. Encore une bière favorite de Michel !

Dégustation

- *Provenance : Brasserie St-Feuillien, Le Rœulx.*
- *Bouteille : 33 cl avec capsule et 75 cl avec bouchon.*
- *Teneur en alcool : 9 % vol.*
- *Aspect : blond pâle, perlé. Une puissante mousse blanche qui colle à la paroi du verre.*
- *Arôme : fruité et floral.*
- *Goût et longueur en bouche : un peu de « biscuit » dans le goût, joliment couronné de sublimes touches de houblon. Une grande plénitude en bouche, cette bière a tout pour plaire.*

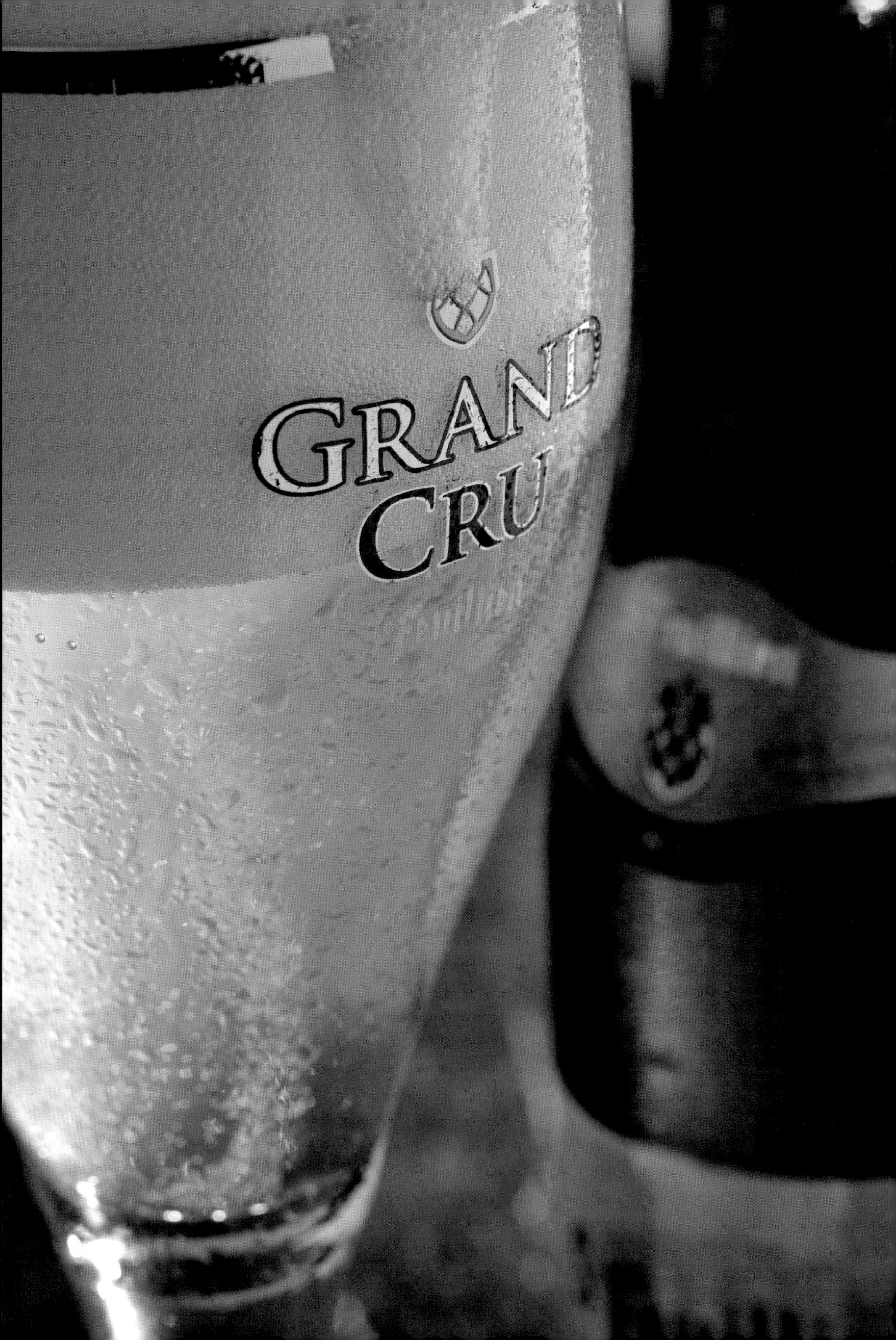
GRAND
CRU

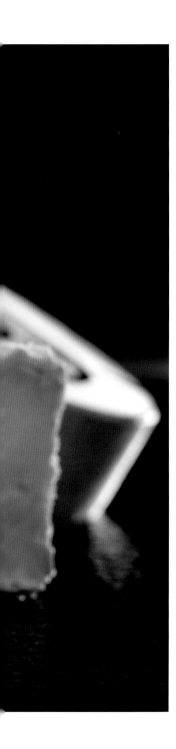

Tunworth

C'est un fromage qui ressemble fort au Camembert. Il est originaire du Hampshire dans le sud de l'Angleterre. Ce brillant fromage pèse environ 350 g et, comme le camembert, il est emballé dans une petite boîte ronde en bois. La production limitée de ce fromage pasteurisé est aux mains de deux maîtresses fromagères. Stacey Hedges et Charlotte Spruce achètent leur lait chez un fermier qui s'engage à livrer chaque jour du lait de qualité de son troupeau de vaches Holstein. Au départ, Stacey et Charlotte faisaient chaque semaine une cinquantaine de fromages dans leur cuisine. Grâce à leur recherche d'une qualité supérieure et leur persévérance, elles ont été couronnées en 2006. Le Tunworth a gagné le « Supreme Champion » aux British Cheese Awards. Nous nous sommes toujours demandé comment ces jeunes femmes arrivent à donner un goût aussi plein à un fromage au lait pasteurisé. Avec ce fromage grand cru, il faut une bière grand cru : la St-Feuillien Grand Cru.

Accord

La bière est parfaitement équilibrée, fruitée, le sucré et l'amertume se disputent l'attention. Une bière divine, ce que l'on peut aussi dire du fromage. Le Tunworth lui donne une réplique très riche, en douceur et en puissance.

STRAFFE HENDRIK WILD

Xavier Vanneste de la brasserie De Halve Maan s'est pointé l'année dernière avec une Straffe Hendrik Tripel qu'il a fait féconder pendant trois mois par des levures sauvages. De ce fait, la bière devient plus tranchante, et avec le temps elle devient encore meilleure et plus complexe. Les Brettanomyces Brugensis rendent la bière crémeuse très vineuse. Avec le temps, le fruité va augmenter et l'amertume diminuer. Le succès de la bière a incité Xavier à proposer dorénavant chaque année une version « sauvage » de sa bière vedette.

Dégustation

- **Provenance** : *Brasserie De Halve Maan, Bruges.*
- **Bouteille** : *33 cl avec capsule.*
- **Teneur en alcool** : *9 % vol.*
- **Aspect** : *ambre rouge et assez trouble, mousse blanche et fine.*
- **Arôme** : *houblonné mais aussi des odeurs sulfureuses d'étable, typiques des Bretts. Également vineux, fait penser à du Pinot Noir.*
- **Goût et longueur en bouche** : *rond et crémeux, un goût de caramel qui ne colle pas, mais aussi frais avec peu d'amertume. Le sucré est joliment compensé par le goût des Bretts, difficile à définir. La longueur en bouche est sèche.*

STRAFFE
HENDRIK
STRAFFE
HENDRIK
WILD
STRAFFE
HENDRIK
2014
WILD

Le Blinker

Qui ne connaît en Campine anversoise le très populaire parc d'attractions Bobbejaanland à Lichtaart ? Derrière ce paradis pour petits et grands se trouve l'élevage de chèvres Polle. Celui-ci compte 230 chèvres laitières. Le Blinker est le nouveau venu dans la gamme de Paul et Veerle, propriétaires de cette superbe fromagerie. Ce fromage de chèvre est au lait cru et a une croûte fleurie comparable à celle d'un camembert ou d'un brie. Le Blinker est légèrement salé, et son acidité typique des fromages de chèvre disparaît pendant l'affinage dans nos caves.

Avec ce Blinker de grand caractère, le goût de la Straffe Hendrik est encore plus sublime.

Accord

C'est peut-être bien l'une des bières les plus remarquables des dernières années. À chaque fois une découverte et un étonnement. Cette bière atypique demande une réponse affirmée de la part du fromage. Le Blinker est le fromage de chèvre capricieux qui fait face aux levures sauvages.

SURFINE

La Brasserie Dubuisson à Pipaix, près de Tournai a enfin, dirions-nous, sa Saison. Car il s'agit d'une brasserie hennuyère classique qui était autrefois une ferme, et qui brassait donc en hiver de la bière qui devait tenir jusqu'en été. Pour pouvoir mieux la conserver, on ajoutait du houblon supplémentaire. Ce type de bière s'appelle « Saison ». Aujourd'hui, il en existe vingt-deux. Dubuisson, plutôt connue pour ses bières fortes sous le nom de Bush, sort ici une petite perle dans le genre et renoue donc avec une tradition ancestrale.

Dégustation

- *Provenance : Dubuisson, Pipaix.*
- *Bouteille : 33 cl avec capsule.*
- *Teneur en alcool : 6,5 % vol.*
- *Aspect : blond avec une limpidité brillante jusqu'à légèrement voilée, mousse blanche abondante et collant à la paroi du verre.*
- *Arôme : fruité (agrumes) et houblonné.*
- *Goût et longueur en bouche : sèche, amère et désaltérante. Des touches de citron et de pamplemousse. Amertume longuement persistante.*

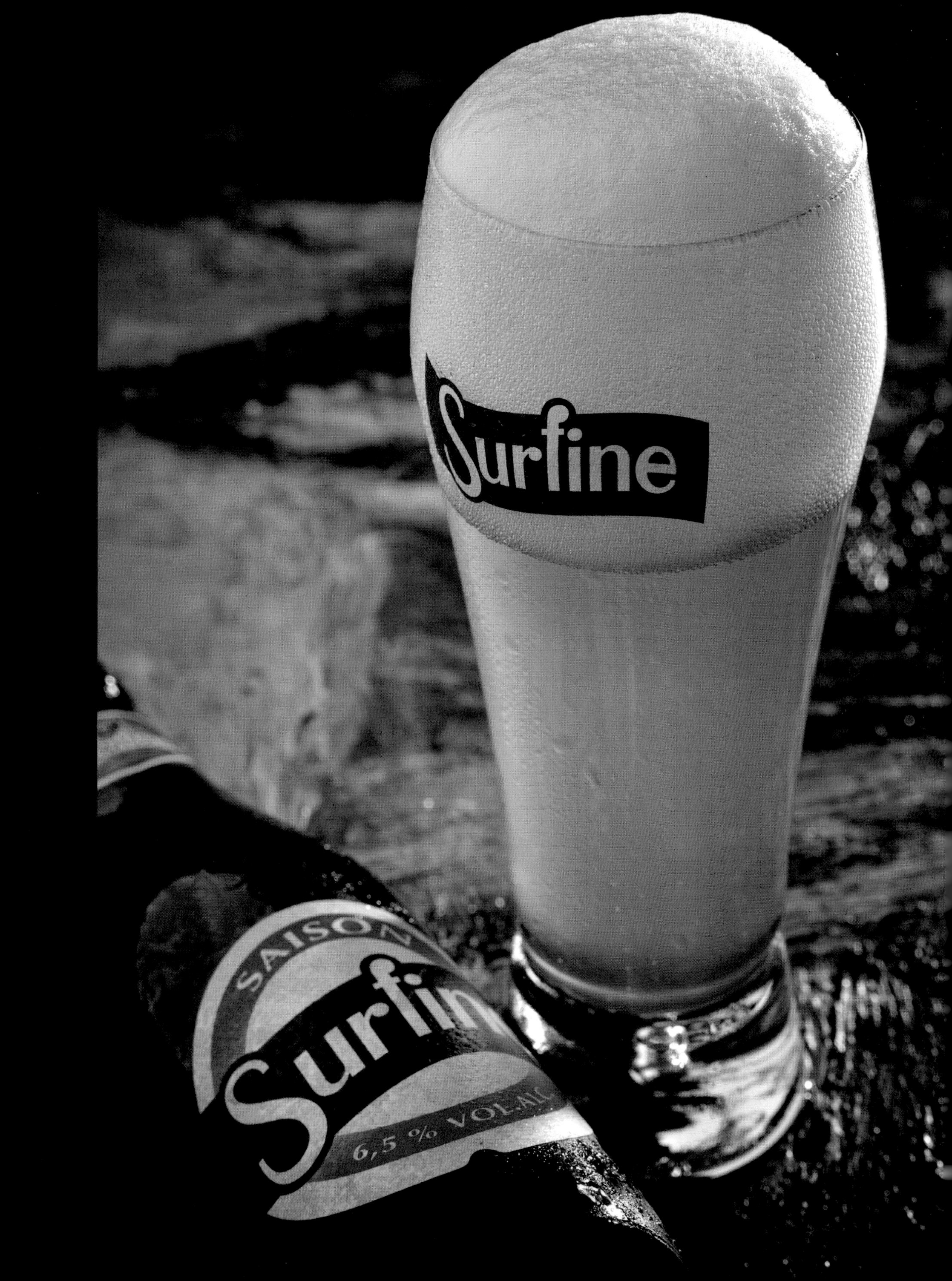
Surfine
SAISON

Brie de Meaux Dongé

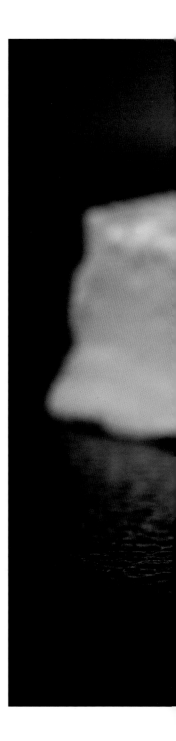

Les écrits à propos du fromage de Brie remontent au cinquième siècle. Il semble que ce fromage ait figuré à la table de tous les rois de France. Rien d'étonnant, car géographiquement parlant, la Brie et la Cour de France ont toujours été de proches voisines. Meaux est une petite ville de province endormie à l'Est de Paris. Apparemment, le fromage de Brie n'a jamais été fait à Meaux. Le fait est qu'il y a été commercialisé pendant des siècles. Mais il y a Brie et Brie. Un Brie au lait cru doit avoir une croûte fine et blanche avec de légères rayures rouges. Le cœur doit être onctueux avec de petits trous. Il ne doit pas couler à température ambiante et doit avoir un léger goût de noisettes. La famille Dongé a déjà gagné dix médailles d'or avec un Brie de Meaux qui est pour nous un sommet. La fromagerie se trouve à Triconville, où l'on voit paître les vaches de race pie-noire Holstein dans de vastes pâturages. La Saison Surfine et le Brie Dongé forment ensemble une explosion de saveurs de terroir.

Accord

Il faut reconnaître qu'un tel Brie de Meaux est l'un de mes favoris. C'est un fromage à croûte fleurie alliant douceur et grand caractère. Il lui faut une bière fruitée et houblonnée, qui le coupe et l'humecte joliment. La Surfine fait admirablement le boulot.

TONGERLO BLONDE

Cette bière d'abbaye blonde a été couronnée en fin 2014 meilleure bière du monde, le sommet des *World Beer Awards*. Pour elle, le maître brasseur Karel Vermeiren a aussi reçu le Michael Jackson Award. La Tongerlo Blonde est une des rares bières d'abbaye blondes refermentées. Elle est faite avec exclusivement du houblon belge. Elle fait partie de la gamme des bières d'abbaye Tongerlo produites par la Brasserie Haacht en collaboration avec l'abbaye norbertine de Tongerlo.

Dégustation

- **Provenance :** *Brasserie Haacht, Boortmeerbeek.*
- **Bouteille :** *33 cl avec capsule et 75 cl avec bouchon.*
- **Teneur en alcool :** *6,5 % vol.*
- **Aspect :** *blond doré, belle mousse blanche collant à la paroi du verre. Visuellement, c'est bien une petite sœur de la célèbre Prior.*
- **Arôme :** *frais et floral.*
- **Goût et longueur en bouche :** *la première attaque est douce, tendant vers le sucré. Ronde en bouche, smooth, avec une longueur en bouche légèrement sèche. Vraiment une bière facile à boire et pleine de goût.*

Tongerlo
+ BIER DER NORBERTIJNEN
BIÈRE DES PRÉMONTRÉS +
ANNO 1130

Le Compostelle

Le Compostelle est un petit fromage en forme originale de coquille Saint-Jacques. Avec son poids de 120 g, il est fabriqué à la fromagerie bien connue Étoile du Quercy, dans le département du Lot. Cette fromagerie artisanale a trois divisions : une en Provence, une dans le Vercors où sont produits les célèbres Saint-Marcellin et Saint-Félicien, et une dans le Lot, d'où vient donc ce Compostelle. Ce fromage au lait cru de chèvre a un goût très doux et est reconnaissable à sa forme. Heureusement, il n'a pas du tout le goût d'une coquille Saint-Jacques. La Tongerlo Blonde porte le Compostelle à des hauteurs inattendues.

Accord

Voici de nouveau un mariage de douceurs. La bière et le fromage constituent une combinaison fine et légère et le soupçon de houblon et de fruit de la refermentation donne au fromage une dimension supplémentaire.

TRIPLE D'ANVERS

La Triple d'Anvers est une ode du brasseur à sa ville d'origine. Pleine en bouche, comme il se doit pour une vraie triple, mais en même temps très gouleyante.

Cette bière a reçu son nom par hasard. Par un beau lundi matin ensoleillé, les anciens propriétaires de la brasserie m'ont demandé si je n'avais pas un nom pour leur nouvelle triple. Je venais de lire au petit-déjeuner dans le journal « Gazet van Antwerpen » un article à propos de l'Élixir d'Anvers… le lien s'est vite fait. Et les frères n'ont pas trouvé mieux, c'est donc devenu la Triple d'Anvers. Une anecdote amusante dans la vie d'un sommelier de la bière.

Note : depuis la reprise de De Koninck par Duvel-Moortgat, la Triple d'Anvers est brassée à Achouffe, en raison de la refermentation en bouteille.

Dégustation

- *Provenance : Brasserie d'Achouffe (filiale de Duvel-Moortgat).*
- *Bouteille : 33 cl avec capsule.*
- *Teneur en alcool : 8 % vol.*
- *Aspect : de blond à ambre léger, mousse blanche et riche.*
- *Arôme : très fruité et frais.*
- *Goût et longueur en bouche : une triple douce avec un bel équilibre entre l'amertume du houblon et le fruité. Longueur en bouche fraîche et pétillante.*

Blaus Hirni

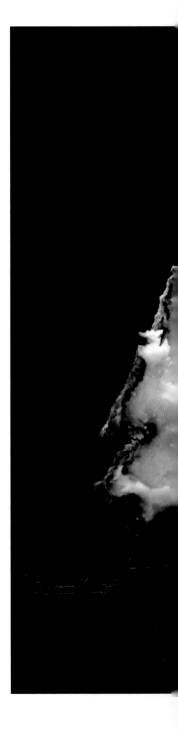

Le moins que l'on puisse dire du Blaus Hirni, c'est que c'est un franc-tireur dans le monde merveilleux du fromage ! Cette petit boule noire persillée pèse 120 g et vient de la fromagerie suisse Belp. Le Blaus Hirni est né d'une erreur d'appréciation dans la production avec une moisissure bleue inattendue, apparue après une maturation de huit semaines. La surprise fut grande lorsque l'on a constaté que cette étonnante moisissure donnait un beau goût, fin et onctueux. Le Blaus Hirni est fait au lait cru de vaches suisses Simmentaler. Ce petit fromage crémeux exclusif a une structure butyreuse et des touches gustatives de romarin. Ce crâneur suisse puissant supporte une bière un rien sucrée comme une délicieuse Triple d'Anvers.

Accord

Le fromage salé à moisissure bleue est gentiment tempéré par la triple douce, ce qui donne une belle combinaison.

VALEIR EXTRA

Frederik De Vrieze a succédé à son beau-père Willy Contreras et a fait revivre cette petite brasserie des Ardennes flamandes fondée en 1818. La « Valeir Blonde » de 2004 est l'une de ses créations, et la « Valeir Extra » de 2007 est une Valeir Blonde avec du houblon américain, au départ brassée uniquement pour le marché américain. (Mais elle fait aussi entre-temps le bonheur des Belges). Cette bière est donc fortement houblonnée, mais toujours en bel équilibre, contrairement à pas mal d'IPA américaines qui vont trop loin dans les tonalités d'amertume.

Dégustation

- **Provenance :** *Brasserie Contreras, Gavere.*
- **Bouteille :** *75 cl avec capsule.*
- **Teneur en alcool :** *6,5 % vol.*
- **Aspect :** *blond, voilé à la limite du trouble. Mousse blanche, fine et collant à la paroi du verre.*
- **Arôme :** *au départ de la fleur de houblon, ensuite douceur fruitée (banane blette).*
- **Goût et longueur en bouche :** *tonalités douces, sensuelles, fruitées et maltées. Longueur en bouche brève.*

Plaisir
du Berger

La Ferme du Chemin Châtaigne où est produit le Plaisir du Berger se trouve à Soumagne sur le Plateau de Herve (entre Liège et Verviers). Les fromagers Benoît et Denis Duysens ont leur propre troupeau de moutons et de chèvres. Le Plaisir du Berger est un fromage au lait cru de brebis du type Crottin de Chavignol ou Pélardon. Jeune, il est frais et décontracté. Après quelques semaines de maturation dans nos espaces d'affinage se forme sur la croûte une flore gris-bleu qui contribue à son bon goût, riche et plein. La Ferme du Chemin Châtaigne est l'une des meilleures fromageries de la région. L'un de ses grands fromages est le Trois Laits de Soumagne, décrit déjà dans ce livre (p. 36). La combinaison du Plaisir du Berger et de la Valeir Extra est bien entendu un plaisir…

Accord

Équilibre, équilibre et encore équilibre : c'est là que nous autres Belges sommes forts lorsqu'il s'agit de bières houblonnées. Elles ne doivent pas devenir trop sèches, la Valeir Extra apprécie donc ce superbe petit fromage de brebis, qui sait lui faire face, surtout après l'affinage.

VEDETT EXTRA BLONDE

C'est sans nul doute LA bière culte en Belgique. Née dans les années quarante chez Moortgat comme une « export », une pils un peu plus forte. On ne la trouvait plus que dans les cafés environnant la brasserie, jusqu'à ce qu'un entrepreneur horeca bruxellois en ait fait un numéro gagnant il y a une dizaine d'années. Ce sont surtout les photos des amateurs de Vedett sur l'étiquette qui en ont assuré la hype. Mais c'est aussi une très bonne pils, en plus du fait qu'on peut se montrer en sa compagnie lors des fêtes tendance.

Dégustation

- *Provenance : Brasserie Duvel-Moortgat, Breendonk.*
- *Bouteille : 33 cl avec capsule.*
- *Teneur en alcool : 5,2 %vol.*
- *Aspect : blond pâle, limpidité brillante, mousse blanche et riche.*
- *Arôme : une fraîche odeur de houblon.*
- *Goût et longueur en bouche : sec, désaltérant, plein de caractère.*

Tomme Fleurette

Si, dans le monde du fromage, vous deviez utiliser le terme « charmeur », cette Tomme Fleurette entrerait certainement en ligne de compte. Tout le monde aime ce fin petit fromage au lait de vache qui pèse 170 g. La fromagerie de Michel Beroud se trouve à Rougemont, dans le Pays d'Enhaut en Suisse. Le lait provient de vaches qui paissent dans des pâturages au-dessus de 1000 mètres dans les Montagnes de Rougemont. Ce petit fromage artisanal mûrit pendant environ dix jours et est à son apogée après un séjour d'encore une dizaine de jours dans nos espaces d'affinage.
Finesse et fraîcheur combinées avec une Vedett Extra bien fraîche.

Accord

Quand on a soif, une Vedett fait le plus grand plaisir. Une pils de caractère, et il lui faut un petit fromage frais et fin. La Tomme Fleurette, il n'y a pas mieux.

VEDETT EXTRA WHITE

Lorsque cette bière blanche de Duvel-Moortgat est sortie, nous l'avons trouvée d'emblée hybride : un peu entre une bière blanche belge classique (avec du froment non malté) et une Weissenbier allemande (avec du froment malté). Elle est donc moins sucrée et un peu plus acide que grosso modo une Hoegaarden. Mais qu'attendre d'autre d'une marque à contre-courant comme Vedett ?

Dégustation

- *Provenance : Brasserie Duvel-Moortgat, Breendonk.*
- *Bouteille : 33 cl avec capsule.*
- *Teneur en alcool : 4,7 % vol.*
- *Aspect : pâle et voilé, entre le jaune et le vert clair.*
- *Arôme : pas exubérant, de l'agrume, du clou de girofle, de la noix de muscade, de la coriandre séchée.*
- *Goût et longueur en bouche : amertume rafraîchissante et relevée, facile à boire.*

Burrata

La Burrata est née au début des années 1900 à Andria, une petite ville des Pouilles. Dans chaque ferme, il y avait une vache pour répondre à la demande de lait et de fromage de la famille. L'habitude était de faire de la mozzarella au lait de vache que l'on pouvait facilement vendre aux riches. Les paysans eux-mêmes ne mangeaient pas de fromage frais mais utilisaient le lait de vache pour faire du fromage à pâte dure et avoir ainsi de quoi manger en hiver. La misère a toujours été un gros problème dans le Sud, ce qui implique qu'il fallait être créatif. Les fermiers mélangeaient les chutes de mozzarella à de la crème de petit lait, en farcissaient une mince enveloppe de mozzarella et l'enfermaient dans une feuille d'asphodèle, une plante aromatique. Dès la première bouchée on ressent l'élasticité suivie par la douceur crémeuse du cœur, avec des touches de yaourt et lait frais. Ce fromage de vache fin et frais demande une bière avec beaucoup de fraîcheur comme une Vedett Extra White.

Accord

La bière est très fraîche, un peu citronnée, et cela convient à un fromage rafraîchissant.

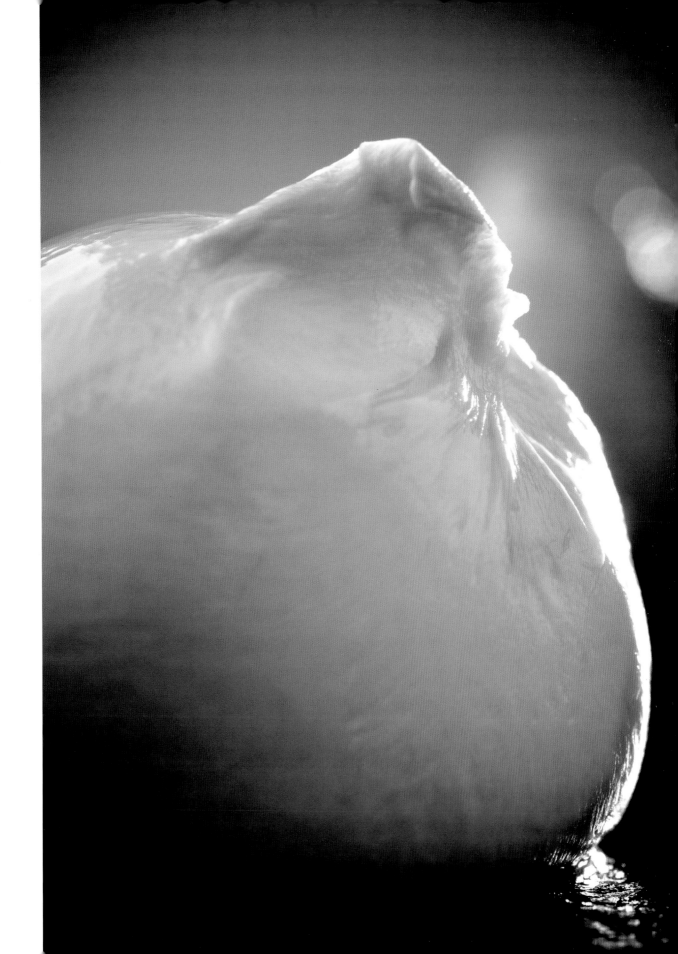

VEDETT IPA*

Devant l'arrivée de nombreuses bières IPA, Duvel-Moortgat ne pouvait pas être en reste. Mais avec la marque Vedett ? Il fallait de nouveau sortir du lot, et c'est pourquoi on lit sur l'étiquette « not really an IPA »… la bière est en effet trop douce pour ça.

Mais ça, seule la Vedett pouvait le faire.

Dégustation

- **Provenance** : *Brasserie Duvel-Moortgat.*
- **Bouteille** : *33 cl avec capsule et 75 cl avec bouchon capsule.*
- **Teneur en alcool** : *6 % vol.*
- **Aspect** : *blond doré avec un col de mousse ivoire.*
- **Arôme** : *sucré, absolument pas houblonné, plutôt un peu d'agrume (pamplemousse).*
- **Goût et longueur en bouche** : *sucré, pas complexe, longueur en bouche maltée.*

La Fourrière

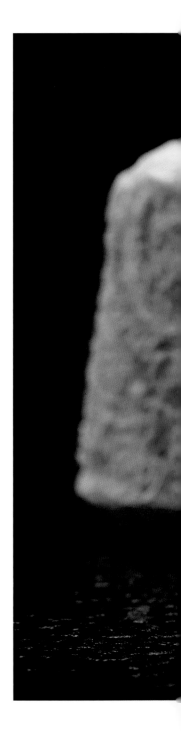

Avec sa jolie couleur orangée, La Fourrière est un petit fromage étonnant. La ferme de la famille Girardot se trouve à Frécourt, près du plateau de Langres, entre la Champagne-Ardenne et la Bourgogne. Leur fromage le plus apprécié et connu est le Langres, du nom de la bourgade locale. Tant La Fourrière que le Langres sont colorés à l'annatto, un colorant naturel qui donne à ces fromages leur couleur orange. La Fourrière est un fromage au lait cru et peut être consommé tant frais qu'affiné. Pour ceux qui n'aiment pas les fromages de chèvre trop forts, La Fourrière est certainement à conseiller. Il se laisse complètement emballer par la fraîcheur d'une Vedett IPA. Un beau duo !

Accord

Avec cette bière, le fromage ne doit pas être trop puissant. La Fourrière est un petit fromage de chèvre très fais qui s'accorde aussi très bien visuellement avec la Vedett IPA, elle aussi de couleur un peu orangée.

VINKEN BLONDE

Qui aurait pu penser qu'un jour une bière Vinken allait paraître dans ce livre ? Certainement pas l'auteur. Mais il y a trois ans, une nouvelle vie a été insufflée à une marque ancienne. Jusqu'en 1948, une bière a été brassée à Geistingen dans le Limbourg par la famille Vinken. Comme de nombreuses petites brasseries de village, elle s'est arrêtée après la guerre. Mais quelques enthousiastes habitants de Geistingen ont retrouvé la recette de cette bière blonde fruitée et l'on remise sur le marché. Elle est restée très locale.

Dégustation

- *Provenance : Brasserie Ter Dolen, Helchteren.*
- *Bouteille : 33 cl avec capsule et 75 cl avec bouchon.*
- *Teneur en alcool : 6,1 % vol.*
- *Aspect : blond doré et de limpide à légèrement voilé. La mousse est blanche et fine.*
- *Arôme : peu de houblon mais bien beaucoup de fruit, principalement de la banane mûre, ce qui explique son odeur légèrement sucrée.*
- *Goût et longueur en bouche : en bouche, la bière paraît moins sucrée, mais le fruité demeure. Une belle bière ronde qui plaît à tout le monde, la longueur en bouche est brève et maltée.*

Poperingse Keikop

Ce fromage à croûte fleurie vient lui aussi de Rumbeke, près de Roulers. La fromagerie de Dominique et Johan Deweer fait aussi l'Old Groendal et le Kaasterkaas que l'on retrouve ailleurs dans ce livre. Le Poperingse Keikop est un fromage au lait de vache pasteurisé auquel sont ajoutés des jets de houblon. Ce sont ceux-ci qui donnent son goût doux et subtil à cette boule de fromage d'environ 600 à 700 g. Lors de la préparation, aucun parfum, aucun rehausseur de goût ni aucun colorant n'entrent en ligne de compte. Une préparation purement artisanale garantit une qualité exceptionnelle. Ce fromage a remporté le bronze lors des World Cheese Awards en 2013. Félicitations Dominique et Johan ! Notre sommelier de la bière Ben l'a savouré avec une Vinken blonde. Une délicieuse petite bière, Ben !

Accord

Douce et fruitée, cette bière Vinken ne demande pas un fromage trop violent. Le Poperingse Keikop est doux et subtil…

WESTVLETEREN BLONDE

Avec quatre frères à la brasserie et onze à l'embouteillage et à la vente, Westvleteren est la seule brasserie trappiste entièrement gérée par les moines. Elle n'est donc pas la plus grande (5000 hl) mais bien la plus célèbre. Sans que les moines l'aient voulu, elle est devenue via les sites web la brasserie la plus mythique, dont les bières sont très difficiles à obtenir. Aux deux bières foncées, la huit et la douze, s'est ajoutée depuis le début des années nonante une blonde de six degrés, brassée avec du houblon local. Poperinge est tout proche. Cette bière est moins connue et ne représente que 10% du chiffre d'affaires.

Dégustation

- *Provenance : Brasserie trappiste Sint-Sixtus, Westvleteren.*
- *Bouteille : 33 cl sans étiquette avec capsule verte.*
- *Teneur en alcool : 6 % vol.*
- *Aspect : pâle et légèrement voilé.*
- *Arôme : floral et se dégage rapidement un houblonnage délicat.*
- *Goût et longueur en bouche : une bière belle, chaleureuse et ronde avec de subtiles touches de miel. Sur la fin, une amertume très sèche. Feu Michael Jackson aurait parlé d'une long, lingering finish.*

Vera Pagliettina

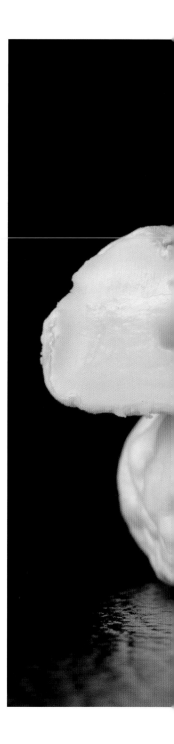

Les plus belles caves d'affinage d'Italie se trouvent à proximité du superbe Lac Majeur. C'est dans l'une ces caves que mûrit le Vera Pagliettina. Ces caves sont la propriété de la famille Luigi Guffanti, des collègues affineurs qui sont maîtres fromagers depuis 1876 déjà. Et ces petits fromages qui pèsent environ de 200 à 300 g sont fabriqués dans la région de Turin. Ils sont faits avec un mélange de lait cru de vache, de chèvre et de brebis. Leur structure est onctueuse avec une croûte mince qui est délicieuse et donne une valeur ajoutée au goût du fromage. De la famille du St Félicien du midi de la France, encore que celui-ci soit fait uniquement avec du lait de vache. Un fromage de grande qualité demande une bière de grande qualité. D'où la Westvleteren Blonde.

Accord

Une blonde délicate comme celle de Westvleteren demande un fromage onctueux, riche et crémeux auprès duquel les tonalités de houblon se trouvent bien dans leur peau. L'ensemble a le pied léger mais avec plein de caractère, une petite fête.

ZUNDERT

Après La Trappe, Zundert est la deuxième bière trappiste des Pays-Bas. Elle n'est arrivée qu'en fin 2013, les frères y ont travaillé pendant cinq ans. Le résultat en vaut la peine et complète parfaitement les 33 autres bières trappistes dans le monde. L'abbaye a construit une petite brasserie flambant neuve et fait appel aux meilleurs conseillers pour brasser son unique bière. Il n'y a pas de double et de triple, mais bien une Zundert !

Dégustation

- *Provenance : Brasserie trappiste De Kievit, Abdij Maria Toevlucht, Zundert.*
- *Bouteille : 33 cl avec capsule.*
- *Teneur en alcool : 8 % vol.*
- *Aspect : ambré avec un col de mousse épais, beige clair.*
- *Arôme : du caramel mais aussi des épices et des fleurs de houblon.*
- *Goût : très frais, fruité, malté, houblonné et relevé. Longueur en bouche subtile avec une délicieuse petite amertume restant au fond de la gorge.*

Pavé du Béthelin

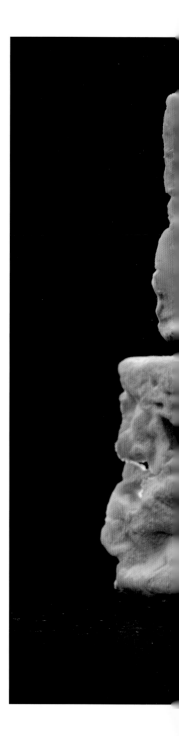

L'un des plus célèbres fromages normands et probablement le plus ancien est le Pont-l'Évêque. Le fromage doit son nom à la bourgade éponyme. Au 17ᵉ siècle, les fromages fabriqués à Pont-l'Évêque étaient vendus dans toute la France et étaient déjà très populaires à cette époque. Le Pavé du Béthelin est une version artisanale de Pont-l'Évêque. Le fromage est fait avec du lait « thermisé ». Les fromages sont produits à la ferme par Jérôme Lajoye, dans le petit village de Périers. La croûte est lavée à la saumure et le goût est crémeux et corsé. La combinaison de la trappiste Zundert et du Pavé du Béthelin est divine et ne peut faire que votre bonheur.

Accord

Est-ce cette petite touche de caramel qui rend la Zundert si spéciale et qui la fait se sentir si bien avec ce fromage crémeux ? Ou est-ce cette petite amertume qui donne un coup de frein au goût crémeux ? L'un dans l'autre, c'est un mariage léger de saveurs délicieuses et inhabituelles.